मोर्चा-दर-मोर्चा

मोर्चा-दर-मोर्चा

सुश्री किरण बेदी से भेंट वार्ताओं पर आधारित पुस्तक

किरण बेदी

वार्ताकार व लेखन

सरोज वशिष्ठ

वाणी प्रकाशन

वाणी प्रकाशन
4695, 21-ए, दरियागंज, नयी दिल्ली 110 002

शाखा
अशोक राजपथ, पटना 800 004

फ़ोनः +91 11 23273167 फ़ैक्स: +91 11 23275710

www.vaniprakashan.in
vaniprakashan@gmail.com

MORCHA-DAR-MORCHA
by Kiran Bedi

ISBN : 978-93-5000-348-0
Interview

संस्करण 2002, 2005
आवृत्ति 2012
मूल्य : ₹ 65

मेहरा ऑफ़सेट, नयी दिल्ली-110002 में मुद्रित

वाणी प्रकाशन का लोगो मक़बूल फ़िदा हुसेन की कूची से

अनुक्रम

जिस पर हमें नाज है

अगर आप दुनिया को बदलना चाहते हैं तो पहले स्वयं को बदलना जरूरी है। किरण बेदी पर यह कहावत शत-प्रतिशत लागू होती है। उनके बारे में गत 25 वर्षों से इतना अधिक लिखा गया है कि जब *वाणी प्रकाशन* ने मुझे यह पुस्तक लिखने में सहायता करने को कहा, तब मुझे पल भर को लगा था, सब कुछ तो लिखा जा चुका है--नया क्या हो सकता है। लेकिन 1993 से आज तक मैं जब-जब किरण के साथ रही हूँ, हर बार मुझे नई बातें, नई प्रेरणा मिली है। तिहाड़ अनुभव पर आधारित मेरी अपनी पुस्तक 'ऐसे जैसे कुछ हुआ ही नहीं' इसी संग-साथ का एक परिणाम है। गाड़ी में बैठे या तिहाड़ के प्रांगण में दौरा करने निकली किरण एक पल भी मौन नहीं रहती थी। उनके पास कहने, करने को इतना कुछ था कि हर पल उनके लिए बेहद कीमती था। मैं किरण द्वारा उच्चरित हर शब्द तुरंत लिख लेती थी। वे बातें इसलिए अधिक मूल्यवान बन गईं, क्योंकि मैं उनके साथ एक पत्रकार या लेखक के रूप में नहीं घूमती थी, न ही कोई प्रश्न पूछती और न ही उस साथ को एक साक्षात्कार का रूप देने का प्रयास करती थी। जब मैं कथावाचिका के रूप में 1993 में तिहाड़ जेल में गई, तब कोई किताब लिखने की योजना बना कर नहीं गई थी। एक दिन किरण ने ही मुझसे कहा था, सब कुछ पुस्तक की शक्ल में बदल लो, पत्र-पत्रिकाओं के लेख विस्मृत हो जाते हैं। 'ऐसे जैसे कुछ हुआ ही नहीं' द्रौपदी के चीर की तरह समाप्ति की ओर बढ़ नहीं रहा था। हर रोज़ कुछ ऐसा घट जाता कि एक अध्याय का मसाला खुद ही तैयार हो जाता।

मेरे अपने अनुभव पर आधारित उस पुस्तक का और इस पुस्तक का स्वरूप एकदम भिन्न है। अलग-अलग विषयों पर किरण बेदी के विचारों पर आधारित इसमें

परिवर्तन के स्वर की अनुगूँज है। नेहरू फेलोशिप के अंतर्गत किरण स्वयं अपनी पुस्तक लिखने में और फिर अवकाश समाप्ति पर राज-निवास में विशेष सचिव के पद पर नियुक्त होने के कारण इतनी ज्यादा व्यस्त हैं कि उनके पास किसी प्रश्न का उत्तर देने का समय आज नहीं बचा है। अगर मैंने किरण को 'पकड़' भी लिया, तो बड़ी चतुराई से उन्होंने विकल्प सुझा दिए। एक दिन मैंने पूछा, 'किरण, और तो सब ठीक है—लेकिन आप जो पुस्तकें पढ़ती हो, उनके बारे में कुछ बताओ।' बड़ा ही सपाट, स्पष्ट उत्तर दिया था किरण ने, 'घर जाओ, वहाँ सब किताबें तरतीब से लगी हैं, अलग-अलग विषयों पर।'

बहरहाल, जिस तरह से किरण ने एक सज़ा पद-नियुक्ति को एक महान् अभिप्रेरण में परिवर्तित कर दिया, वह एक ऐसी कहानी है जो हमारी बहुत-सी समस्याओं का निवारण कर सकती है। वह कहती हैं, 'मैंने कोई अलग रास्ता नहीं खोजा है, मेरा रास्ता तो समस्याओं से ओतप्रोत है। पहले मैं समस्याएँ, मसले खोजती हूँ, फिर उनके हल ढूँढ़ती हूँ। वह हल एकदम अनोखे और अद्‌भुत होते हैं, क्योंकि उनका निष्पादन मैं सामूहिक स्तर पर करती हूँ। मेरे काम में लालफीताशाही की कोई जगह नहीं है। सब कुछ सहज, स्वतः देखा-समझा जाता है और उस पर तुरत-फुरत कार्यवाही की जाती है।'

किरण बेदी जैसे लोगों का जन्म ही इसलिए होता है कि वह नेतृत्व करें, परिवर्तन के स्वरों से वातावरण को अनुगुंजित करें। यह सब कुछ भीतर से उभरता है। तभी तो हर बार, बार-बार, वह यूनानी अपराजेय, अजेय, अमरपक्षी, फीनिक्स की तरह लौट आती हैं। किरण में वह शक्ति है, जो सबसे अधम, सबसे अकुलीन व्यक्ति को पिघला सकती है। वह शरमाते हुए मुस्कराती जरूर हैं, लेकिन उनके भीतर एक बहुत प्रबल उद्धत विद्रोही छिपा बैठा है। उनके ऊपर बार-बार 'मुकदमे' चलाए गए हैं। हर बार वह विजयिनी के रूप में ही उभरी हैं। वह एक ऐसी उत्प्रेरक हैं, जो अध्यवसाय और दृढ़ता का एक साकार मूर्तिमान रूप हैं। किरण के पास एक और बहुत बड़ा हथियार है—सहज बुद्धि, जिसका उपयोग उन्होंने तिहाड़ जेल में कैसे किया, उसकी मैं प्रत्यक्ष गवाह हूँ।

संपूर्ण गुणवत्ता प्रबंध (जिसे आम लोग टी.क्यू.एम. यानी टोटल क्वालिटी मैनेजमेंट के नाम से ज्यादा आसानी से समझते हैं) की प्रतीक किरण बेदी को अधिकांश उद्योगपति एक प्रेरणा के रूप में पहचानते हैं। अगर ऐसा न होता, तो एक्सल कम्पनी जैसी इकाइयाँ 1994 में तिहाड़ जेल में अपना सहयोग देने कभी न जातीं।

कितने लोग जानते हैं कि बेहद फिल्मी अंदाज में और प्रसिद्धि पाने के बहुत

पहले अपने कार्यकाल के प्रारंभिक काल में पुरानी दिल्ली में हुए दंगों के दौरान किरण न देखा कि एक मुस्लिम परिवार के घर में 17 महिलाएँ और बच्चे बंद थे। घर को दंगाइयों ने आग लगा दी थी और बाहर ताला लगा था। किरण ने अपने सिपाहियों को आदेश दिया था, 'दरवाजा तोड़ दो।' उन्होंने यह कह कर आदेश का पालन करने से इंकार कर दिया था, 'यह काम अग्निशमन सेवा का है।' किरण ने कहा था, 'इतना वक्त कहाँ है ?' लेकिन जब उन्होंने किरण की एक न सुनी, तो वह स्वयं नजदीक के एक हैंड पंप के नीचे बैठ गईं, खुद को पानी से भिगो कर उन्होंने उस बंद दरवाजे को अपने पैरों से पीट कर तोड़ डाला। गुमसुम सिपाही किरण को देखते रह गए और भीतर बंद 17 बच्चों और औरतों को वह एक-एक करके ज़िंदा बाहर ले आईं।

किरण के भूतपूर्व वरिष्ठ अधिकारी गौतम कौल के अनुसार उन्हें पहला पुलिस पदक उस साहसी काम के लिए मिलना चाहिए था। वह नहीं मिला तो क्या हुआ ? किरण तो आखिर किरण ही हैं और रहेंगी।

तब किरण ने अपने पैरों का उपयोग किया था लेकिन कुछ समय बाद इंडिया गेट पर निहंग सिखों के एक जुलूस को किरण ने सिर्फ अपनी बेटन (डंडा) के सहारे नियंत्रित किया था। ऐसा नहीं कि किरण के साथ पुलिस दस्ता न था। लेकिन जैसे ही दोनों दलों का आमना-सामना हुआ, किरण के ही शब्दों में नजारा यह था, 'उनके हाथों में नंगी तलवारें थीं। मैंने पीछे मुड़ कर देखा, तो मेरा पूरा-का-पूरा दस्ता मेरे पीछे न था। वह कूच कर गए थे। लेकिन मैं रुकी नहीं, मेरी बेटन ने उस जुलूस को पीछे हटने पर मजबूर कर दिया था।'

सीधी-सी बात है। सोच-विचार करना, योजनाएँ बनाना बहुत-से लोगों का काम होता है। लेकिन कार्य निष्पादन एक ही व्यक्ति करता है। ऐसा फ्रांस के भूतपूर्व राष्ट्रपति चार्ल्स द गॉल मानते थे। ऑस्कर वाइल्ड ने एक बार कहा था, 'अपनी सफाई कभी मत दो। आपके मित्रों को इसकी ज़रूरत नहीं और आपके दुश्मन आपका कभी यकीन नहीं करेंगे।'

किरण एक ऐसी हस्ती हैं, जिस पर हम जितना नाज करें कम है। कितनी अजीब बात है कि कैदियों ने बिना किसी दबाव के जेल के भीतर रहते किरण से वादे किए और बाहर आ कर निभाए। छूटने के बाद कैदी पहले मेरे घर आते हैं, फिर किरण से मिलते हैं। चार-पाँच दफाओं के बावजूद छूट जाने के बाद जो पहला कैदी मेरे पास आया, वह आयात-निर्यात करना चाहता था। पहले वह नगर-निगम में इंजीनियर था। ज़ाहिर है, नौकरी से निकाला जा चुका था। इस क्षेत्र में कार्यरत

अपनी एक मित्र से मैंने उसका उचित मार्ग-दर्शन करवाया। बहुत आभार माना था उसने। चलते-चलते बोला था, 'मैडम को तो मैं उस दिन मिलने जाऊँगा जिस दिन मैं जम जाऊँगा और मारुति खरीद लूँगा।'

तिहाड़ के भीतर शिकवे-शिकायतों की कमी न थी। एक विदेशी महिला ने एक दिन किरण से कहा, 'सात साल से बंद हूँ। अगर मेरे पास पैसे होते, तो मैं जमानत पर रिहा हो जाती।' किरण ने सलाह दी थी कि ब्रिटिश हाई कमीशन से मदद माँगो। 'अरे, वह तो मेरे डाक का भी खर्च नहीं देते।' इस वार्तालाप या इस तरह की अन्य मुलाकातों में विशेष बात यह थी—किरण एक अन्यंत सुंदर सूक्ष्म ढंग से अपने आई.जी. (पी) होने और उनके बंदी होने का एहसास तक न होने देती थीं। एक निराला-सा आपसी विश्वास, मुस्कराहटें, एक गरमाहट, एक गुनगुनी संवेदनशीलता उनमें व्याप्त थी। किरण ने कभी किसी से जेल आने का कारण नहीं पूछा। लेकिन वह हर रोज़ चारों जेलों में पैदल जातीं। इसके पीछे छिपी राजनीति ने अपना रंग खूब जमाया। इन दौरों के बाद वह जब अपने कार्यालय में लौटतीं, तो फाइलें निबटाने में कम समय लगता। बहुत-से प्रश्नों के उत्तर तो उन्हें दौरों के दौरान ही मिल जाते थे। वह जो भी करतीं, साधिकार करतीं। कैदियों से किरण की स्नेह भरी नोकझोंक भी चलती रहती थी। एक दिन एक अश्वेत दक्षिण पूर्व अफ्रीकी युवक बहुत-से विदेशी कैदियों को स्वाहिली पढ़ा रहा था। किरण ने नेल्सन मंडेला की रिहाई पर उन्हें बधाई दी। मंडेला और द क्लार्क की महानता पर भाषण भी दिया। खूब तालियाँ बजीं। उस करतल ध्वनि से प्रोत्साहित होकर एक अश्वेत बंदी को लगा, 'आज़ादी' चिल्लाने का वह अच्छा अवसर है। बोला, 'माम, पूरी दुनिया मंडेला की विजय पर खुशियाँ मना रही है और मुझे देखें, मैं यहाँ सड़ रहा हूँ अपने घर से हजारों मील दूर।' किरण ने कहा था, 'आपके नेता ने एक महान् काम के लिए 27 वर्ष जेल में बिताए। हम आपको यहाँ इतने वर्ष नहीं रखना चाहते, लेकिन हम इतना जरूर चाहते हैं कि आप मंडेला के नक्शे कदम पर चलो।' फिर किरण स्वाहिली पढ़ा रहे उस युवक के नज़दीक गईं। उसके बाल बारीक चोटियों में गुँथे हुए थे। किरण ने उसके बालों को छुआ और पूछा, 'यह इस तरह कितने दिन रह जाते हैं ?' उसने कहा था, 'दो महीने।' 'इसका मतलब यह हुआ कि तुम उतने दिन कंघी नहीं करते हो ?' उस युवक ने तुरंत बताया था कि उसके बाल साफ हैं और वह उन्हें शैंपू करता है। लेकिन चुटकी ली थी किरण ने, 'फिर भी तुम कंघी का खर्च बचा लेते हो।'

पुलिस अधिकारी की छवि एक कठोर व्यक्ति की होती है। जो किरण को

नहीं जानते, वह समझते हैं कि वह बहुत सख़्त तबीयत हैं। दरअसल, वह बेहद कोमल और मृदु हैं। अगर आप उनसे भयभीत नहीं हैं, तो वह बहुत जल्द खुल जाती हैं।

लेनिन कहा करते थे, 'बच्चों को सिखाने के लिए मुझे सिर्फ चार साल दे दो। जो बीज मैं रोपूँगा, वह कभी उखाड़ा नहीं जा सकेगा।' लेकिन लेनिन अगर एक ही होता है, तो किरण भी एक ही है। किसी भी कारावास को ले लें वह एक व्यथा कथा के अलावा और कुछ हो ही नहीं सकता। वहाँ संताप और निराशा का वास रहता है। हर कारावास में व्याप्त मौन एक ही तरह से गूँगा होता है। हर कारावास से उभरती चीखें दीवारों से टकराकर चूर-चूर हो जाती हैं। हर कारावास का हर कैदी उस पल के इंतजार में बैठा रहता है जब उसे पीछे मुड़कर उस लौह द्वार को देखना न पड़े, जिसके पीछे वह बैठा सड़ता-गलता रहा है। जब किरण बेदी अंदर गईं, तो अकरम खान अकरम के अनुसार तब तक बंदियों की बिगड़ी किस्मत बनाने कोई नहीं आता था। उन सब डूबनेवालों को सब देखते, लेकिन बचाने कोई नहीं आता था। कैदी शमा की तरह रात-रात भर जलते रहते। अकरम को चारों ओर सरे आम, सरे राह, लाशें दिखाई देतीं। उन्हें अफसोस था तो बस इतना कि क्यों कोई जनाज़े को उठाने नहीं आता। यह वही अकरम हैं, जिन्होंने किरण के तिहाड़ आगमन के बाद ये पंक्तियाँ जेल नंबर एक के चक्कर पर पढ़ी थीं :

आश्रम आ के हमें ऐसा लगा है लोगो, जैसे फिर मुर्दा कलम जिंदा हुआ है
हमको इंसान बनाने के लिए देवी ने दिलो जिगर से काम किया है लोगो

तिहाड़ का नाम जब आश्रम रखा गया, तो निवासियों में नए अहसास जाग्रत हुए थे। उस चमन में बंदियों ने इंसान बनने का, वतन की ज़ीनत बनने का फैसला कर लिया था।

एक जापानी वास्तुशिल्पी है फूमिहिको माकी। उन्होंने अपने एक लेख संकल्पना, अभिव्यक्ति और निर्माण योजना और वास्तविकता के बीच संबंध का विश्लेषण करते हुए लिखा है, 'किसी भी परिकल्पना के आरंभ में बनाई गई किसी भी रूपरेखा को दो काम करने होते हैं। पहला काम, विषयवस्तु से संबद्ध एक स्पष्ट अभिव्यक्ति का प्रयास होता है। दूसरा काम होता है योजना से संबद्ध शंकाओं और निश्चिंतताओं को व्यक्त करना।' यह सब मई 1995 आते-आते किरण को झेलना पड़ेगा, माकी नहीं जानते थे। उनके यह शब्द किरण पर किस तरह लागू होंगे, उन्हें मालूम न था।

खत मेरे पास सिर्फ अकरम के ही नहीं, औरों के भी आए थे। जोज़फ ओबी

का लंबा-चौड़ा खत 27 अप्रैल 1995 को इंडियन एक्सप्रेस को भेजा गया था, जिसकी एक प्रति मुझे भी दी गई थी। और भी बहुत-से कैदियों ने मुझे खत थमाए थे। हर पत्र में एक ही कराह, एक ही चीख थी। जैसा कि अकरम ने लिखा, 'आप तमाम बंदियों को सिसकता-बिलखता छोड़कर बगैर विदाई समारोह के चली गईं। यहाँ का एक-एक व्यक्ति आपके लिए व्याकुल है। आपने यहाँ के आश्रमवासियों को जो भी दिया है, उसे सदा-सदा याद रखा जाएगा। चक्कर की धर्मसभाएँ समाप्त हो गई हैं। हिंदू, मुसलमान, सिख, ईसाई बिखर गए हैं। सबके दिल टूटे-टूटे-से हैं। धूम्रपान की तरफ कदम उठ रहे हैं। ऐसा लगता है भ्रष्टाचार का बचपन शुरू हो गया है, जल्द ही जवान हो जाएगा। यह देन समाज के नास्तिकों की है। उनका धर्म पैसा, उनकी जात भ्रष्टाचार है। जब तक मनुष्य के हृदय में मानवता का दर्द नहीं होगा, तब तक वह कामयाब नहीं हो सकता। इंसाफ रखना, इंसाफ करना ही पूजा है। जो अफसर करप्शन नहीं फैलाता, उसकी सियासत भी दुश्मन हो जाती है। मैं आपसे माफी माँगते हुए चंद अशआर लिख कर भेज रहा हूँ :

आज हर शख़्स के मुँह पर है कहानी तेरी
दिल के मंदिर में लगा ली है निशानी तेरी
तू है सम्मान हम लोगों का बढ़ानेवाली
तू सलामत रहे हम सबको हँसानेवाली।

अंत में अकरम ने किरण को सलाह दी थी :

झूठ की नगरी में सच्चाई जताया न करो
सीट को अपनी बचाना है तो कुछ खाया करो।

मैंने किरण को पुलिस मुख्यालय में यह पत्र 10 मई 95 को पढ़ कर सुनाया, तो आखिरी शेर सुन कर किरण बोली थीं, 'लेकिन मैं तो खाना ठीक-ठाक खाती हूँ।' अकरम का संकेत तो स्पष्ट था, लेकिन यह किरण के ही बस की बात थी कि इशारा उन्हें समझ नहीं आया था। स्पष्टीकरण पाकर वह खूब हँसी थीं। किरण ने यह भी कहा था, 'मैं कैसे उनको मिलने जाती। मैं इतने सारे आदमियों को रोते हुए नहीं देखना चाहती थी।'

जोज़फ ओबी को मैंने 3 मई 95 को ज़ार-ज़ार रोते देखा था। उसने मुझे कहा, 'उनके जाने से हमारी जिंदगी की 90 प्रतिशत सुंदरता नष्ट हो गई है। अब यह नाज़ी कैंप बन गया है।' मुझे लिखे एक खत में जोज़फ ने कहा है, 'आप दोनों

के प्यार ने मेरी आत्मा को खरीद लिया है, अब यह संबंध टूटता-सा नजर आ रहा है। मैं इस बियाबान में गुम हो गया हूँ। मैं आपको कुछ दे नहीं सकता, लेकिन आप मुझे बताएँ कि आप कहाँ हैं ? क्या आपका हमारे प्रति इतना ही प्यार था कि आप हमें बिना मिले ही चली गईं ? लेकिन इस शिकायत के कारण आप दोनों के लिए मेरा प्यार कभी कम नहीं होगा।' 21 अप्रैल को जोज़फ द्वारा इंडियन एक्सप्रेस को भेजे एक पाँच पृष्ठ के खत की प्रति मेरे पास सुरक्षित है। इसमें जोज़फ ने शेक्सपियर को उद्धृत किया है–'My heart laments that virtue cannot live out of the teeth of emulation.'

इस पत्र में जोज़फ ने ले. गवर्नर पी.के. दवे की जी खोल कर आलोचना की थी। किरण पर लगाए गए एक-एक आरोप की निंदा करते हुए जोज़फ ने कहा था कि कैदी बेहद नाराज़ हैं। कई-कई सवाल पूछने की हिम्मत की थी जोज़फ ने। एक-एक उपलब्धि की चर्चा की थी इस विदेशी कैदी ने। यहाँ तक कि जोज़फ ने पी.के. दवे से कैफियत तक माँगी थी। उसने एतराज किया था, 'आप नाराज़ हैं कि किरण बेदी ने राष्ट्रीय मानव अधिकार आयोग के सदस्यों से हमें मिलाने की व्यवस्था की है। हमारे अधिकारों को किस हद तक और किस अमानवीय तरीके से कुचला गया है, आप क्या जानें। मुझे तो लगता है कि आपकी अलमारियाँ अस्थिपंजरों से भरी पड़ी हैं। आप लोग किरण बेदी से जलते-मरते रहिए और हम यहाँ भीतर एक ऐसे बवंडर को भोग रहे हैं, जिसके हम हकदार नहीं हैं।' जोज़फ ने इंसान की आज़ादी की चर्चा करते हुए अमरीकी लेखक आर.जी. इंगरसौल को उद्धृत किया था, 'इंसान की आत्मा के लिए आज़ादी उतनी ही महत्त्वपूर्ण है जितनी कि आँखों के लिए रोशनी, फेफड़ों के लिए हवा और हृदय के लिए प्रेम।' जस्टिस शमीम अहमद को भी उद्धृत किया था जोज़फ ने, 'अहमद के अनुसार, इंसान के लिए आज़ादी उसे साँस लेने में मदद करती है। आज़ादी की ग़ैरमौजूदगी में अर्थपूर्ण जीवन की कल्पना तक नहीं की जा सकती है।' भारतीय संविधान की भी दुहाई दी थी जोज़फ ने और पूछा था, 'क्या हम बेकसूरों बेबसों को भारत की तिहाड़ जेल में अंतर्राष्ट्रीय प्रदर्शन के लिए रखा गया है ? 8000 से अधिक कैदी यहाँ ऐसे हैं, जिन्हें साल-दर-साल गुज़र जाने के बावजूद आज तक यह नहीं बताया जा सका है कि हम यहाँ क्योंकर हवालाती हैं।'

जोज़फ को दिल्ली के कुख्यात कूड़ा सफाई अभियान, भारत और पाकिस्तान के बीच काँटा बने जम्मू-कश्मीर के मसले, कांग्रेस की अनेक राज्यों में पराजय जैसी समस्याओं का हल किरण के माध्यम से साफ नज़र आता है। अंत में उसने कहा

था, 'कोई समस्या हल करनी हो तो वहाँ किरण को दो साल के लिए नियुक्त कर दीजिए। वे एक ही साल में काम पूरा कर देंगी। लेकिन अफसोस, भारतीय महिलाओं की क्षमताओं को दुर्बल बनाया जा रहा है। हम पूर्वाग्रहों से ग्रस्त हैं। अगर आप महिलाओं को उनका न्यायसम्मत उचित स्थान नहीं देते हैं, तो बहुत जल्दी अमेरिकी राबिन राफेल की तरह सब कुछ अस्त-व्यस्त हो जाएगा।'

अस्त-व्यस्त तो बहुत कुछ हुआ है, लेकिन परवाह किसे है ? जेलों में सुधार के 40 सुझाव मुल्ला आयोग (1980-82) ने प्रस्तावित किए थे। आज 1997 में हम उन सिफारिशों को लागू तो क्या याद तक नहीं रख पाए हैं। एक तरह से सोचा जाए तो किरण बेदी विवाद का एक लाभ तो जरूर हुआ है। सुप्रीम कोर्ट, हाई कोर्ट, मानव अधिकार आयोग और पाँच-पाँच खंडपीठों ने अपनी-अपनी व्यवस्थाएँ दे कर सोए हुए प्रशासन की नींद तो खोल दी है। 16 जून 94 से बंदी प्रदीप कुमार मोंगा ने एक कविता किरण के जन्म दिन पर लिख भेजी थी। अंतिम चार पंक्तियाँ यहाँ दे रही हूँ :

जब भी आप यहाँ से जाना तो एक किरण बेदी दे जाना इस आश्रम को करे उन्नति जमाने में बेशुमार आप न कभी भुलाना इस आश्रम को सपना आपका है पूरा हुआ जिंदा स्वर्ग बनाना इस आश्रम को जाते-जाते भी फूलों से ही हर तरफ सजाना इस आश्रम को।

हर किसी को अपना समय पूरा करके जाना तो पड़ता ही है, लेकिन जिस तरह से किरण का तिहाड़ से जाना हुआ, वह इस देश के लिए क्या, संपूर्ण प्रशासन और मानवता के लिए एक शर्मनाक बात है। लेकिन उससे भी अधिक शर्मनाक बात 8 मई 1997 को तिहाड़ जेल में हुई। उपराज्यपाल तेजिन्दर खन्ना के तिहाड़ जाने का समाचार पढ़ने को मिला, साथ गए लोगों की सूची में किरण का नाम देखकर मैं चौंकी थी। प्रकाशित चित्र में किरण को न पा कर जरूर हैरान हुई थी। 8 मई 1995 को ही किरण ने तिहाड़ जेल से विदा ली थी, बिना किसी को मिले, बिना किसी विदाई समारोह के। उसी तारीख को दो साल बाद किरण ने अपना कदम पाँच नंबर की ड्योढ़ी में कैसे रखा होगा ? मेरी निगाह में यह बड़ा ही नाजुक प्रश्न था। फोन पर इस तरह की बातें करना मैंने उचित न समझा।

लेकिन 30 मई 1997 का पूरा दिन मुझे किरण के कार्यालय में ही बिताना था। वह चाहती थीं कि मैं सुबह और शाम को आयोजित होनेवाली सार्वजनिक सुनवाई का अवलोकन करने के अलावा राजनिवास में नव-स्थापित नियंत्रण कक्ष में कुछ

समय बैठ कर खुद देखूँ कि वहाँ नियुक्त पुलिस कर्मी कैसे शिकायतों को निपटाते हैं। किरण की सार्वजनिक सुनवाई तो खैर तुरंत फैसलों, सलाहों, और लिखित आदेशों का एक ऐसा सिलसिला है, जिससे लोग बड़े पैमाने पर राहत पा रहे हैं। लेकिन दिल्ली की जनता का जो स्वरूप मैंने नियंत्रण-कक्ष में देखा, तो पता चला कि हम कितने मूर्ख, असहाय और निकम्मे शहरी हैं। राजनिवास द्वारा एक घोषणा सब पत्रों में प्रकाशित की गई है कि निम्नलिखित फोन नंबरों पर अपनी शिकायत दर्ज करवाएँ, उसका निवारण किया जाएगा। जो शिकायतें मेरी मौजूदगी में नियंत्रण-कक्ष में दर्ज करवाई गईं, जरा उनकी बानगी देखिए :

1. मेरे घर के बगल में अवैध निर्माण हो रहा है, उसे रुकवाइए।
2. पूरे ग्रेटर कैलाश को 30 मई को पानी नहीं मिला।
3. पीने का पानी गंदा है।
4. मथुरा रोड से नोएडा तक लोग शौच कर सड़क पर गंदगी फैलाते हैं। इन्हें रोकिए।
5. हमारे यहाँ से आवारा कुत्तों को हटाया जाए।
6. मेरे घर के बाहर कोई कूड़ा फेंक गया है।
7. ए ब्लॉक फ्रेंड्स कालोनी में कई लोगों ने पटरियों पर कब्जा कर लिया है। सी ब्लाक में मकान नम्बर 69 के मालिक ने तो पटरी तक अपने मकान का निर्माण कर लिया है। 30 मई 97 तक कोई कार्यवाही नहीं की गई है।

मज़े की बात यह है कि फोन पर शिकायत करनेवाले अपने नाम, पते, फोन नंबर देने से इंकार कर रहे थे। हद तो तब हो गई, जब एक यह कह कर झगड़ने पर उतर आया कि उसके घर में बहुत मच्छर हैं। यह शिकायत मुझसे सही न गई। मैंने पुलिस कर्मी के हाथ से फोन ले कर सलाह दी, 'देखो, मैं भी मच्छरों से बहुत परेशान थी, लेकिन मैंने समस्या हल कर ली है। अँधेरा होने से ज़रा पहले सब खिड़कियाँ, दरवाज़े बंद कर के सूखे नीम के पत्ते जला दीजिए।' वह नहीं माना था, बस ज़िद पकड़े था कि यह काम तो उपराज्यपाल के हाथों ही संपन्न होगा। हैरान-परेशान मैं किरण के कार्यालय से लौट आई थी। झिझकते हुए मैंने अन्य बातों के बाद पूछ ही लिया था, 'किरण, मैंने कुछ दिन पहले अखबार में पढ़ा था कि आप तिहाड़ गई थीं, लेकिन आप फोटो में नज़र नहीं…'

'सरोज, दिस इज रिमार्केबल स्टोरी। मैं यह चाहती हूँ यह बात सब तक पहुँचे।' थोड़ा रुककर किरण ने कहा था, 'सब कुछ नोट कर लो।' मैं भारी दुविधा में थी।

मुझसे उम्मीद की जा रही थी कि मैं उपराज्यपाल के साथ तिहाड़ जेल जाऊँगी। विचार-विमर्श का एक दौर, एक युद्ध मेरे भीतर जारी था। अंततः मैंने फैसला कर लिया, आखिर अपनी ड्यूटी से मैं कब तक भागती रहूँगी। मैंने स्थिति का सामना करने का फैसला किया तो ज़रूर, लेकिन मुझे मालूम नहीं था कि वर्तमान आई. जी. (जेल) आर.एस. गुप्ता ने मेरे लिए कहीं भी किसी भी प्रकार का स्थान या पद निर्धारित नहीं किया था। मंच पर भी सिर्फ आठ कुर्सियाँ रखी गई थीं। बेशक मैं कोई आशा लेकर तिहाड़ नहीं गई थी, मैं तो उपराज्यपाल की मंडली का एक हिस्सा मात्र थी। फिर भी मैं श्री तेजिंदर खन्ना से दूर-दूर ही रही। अजीब माहौल था। पुराने बंदियों ने एक कमज़ोर-सी प्रार्थना गाई। फिर हम जब बैरकों में गए, तो देखा कोई सुधार नहीं हुआ, जो जैसा मैं छोड़ गई थी सब वैसा ही था। श्री खन्ना ने पूछा, 'यह सब आपने किया है ?' आर.एस. गुप्ता ने स्वीकार किया कि सब सुधार उन्हीं के कार्यकाल में हुए हैं। बेशक गोस्वामी ने कहा, 'सब मैडम का किया हुआ है'। मैंने गोस्वामी से कहा, 'तुझे इसके लिए सज़ा मिलेगी' उत्तर आया था, 'भुगत लेंगे।' एक उपराज्यपाल ने तिहाड़ से मुझे बाहर निकाला था, दूसरा मुझे भीतर लाया। है न अजीब संयोग ! दुःख मुझे तब हुआ, जब डी.आई.जी सारंगी ने मुझसे पूछा, आप मंच पर बैठेंगी। और भी दुःख मुझे तब हुआ, जब लौटते वक्त सारंगी ने मुझसे कहा कि हम फिर मौका ढूँढ़ कर अलग से बुलाएँगे आपको। उस दिन मैंने एक पाठ सीखा, मुझे विपश्यना के लिए जाना होगा, ताकि मैं खुद को अनासक्त बना कर एक तटस्थ जीवन जी सकूँ। मुझे तो उस पार जाना है। जो हो गया, उसे पीछे मुड़कर नहीं देखना है। उस दिन तो मुझे यही समझ में नहीं आया कि उपराज्यपाल को तिहाड़ में बुलाया ही क्यों गया था ! यह भी माना कि नई व्यवस्था पुरानी का स्थान ग्रहण करती है।

मेरे जीवन में उस दिन एक नया मोड़ आया। मैं क्यों चाहती रही कि लगातार फल मैं ही खाती रहूँ। उस दिन मैंने फैसला किया कि बेशक आम के पेड़ मैंने लगाए थे, अब फल कौन खाता है, उस पर मेरा अधिकार नहीं है। न ही मुझे कोई तकलीफ होनी चाहिए। फल पर मेरा स्थायी अधिकार नहीं हैं। अगर मंच से मेरी तारीफ कर भी दी जाती, तो उसके क्या मायने थे ? मुझसे ज़्यादा तकलीफ मेरे कार चालक को हुई। वह मुझसे बोला था, 'नाशुकरा है वह, मैडम आपको बोलना चाहिए था, वह तो अपना छोटापन दिखा गया।'—बेशक उस वक्त मैं इतना रोई कि मेरी आँखें सूज गईं। काफी देर तक मैं अपने घर लौटने की हिम्मत ही न जुटा पाई।'

मैं सब कुछ नोट तो कर रही थी, लेकिन मुझे लग रहा था कि मैं एक चोट

खाई हिरणी के रू-ब-रू हूँ। एक ऐसी हिरणी, जो आहत हो जाने के बाद उठकर भागने को तैयार बैठी थी। तभी तो अल्प मौन के बाद किरण ने मुझसे यह शब्द कहे थे, 'सब गम, सब दुःख मिट गए। मेरा उस परिसर पर कोई अधिकार नहीं है। पंद्रह दिन के मनन-कशमकश के बाद मैं वहाँ परीक्षा लेने गई थी; जिसमें असफल रहने के बावजूद मैं सफल होकर लौटी। एक ही समय मैं छात्रा भी थी और शिक्षक भी। अंत में जीत शिक्षक की हुई। उस परीक्षा के चार-पाँच घंटों में मैंने सीखा कि हमेशा आदेशों का पालन करो, अपने माता-पिता, अपने शिक्षकों, खुद के आदेशों का पालन करो, कभी मात नहीं खाओगे। अगर आप खिलाड़ी नहीं बन सकते, तो सब कुछ रोड-रोलर के नीचे दब, मिट कर स्वाह हो जाएगा।' मैं अवाक्-सी लगभग मुँह बाए किरण को देख रही थी। मेरे पास कोई ऐसा शब्द, कोई ऐसा मरहम न था, जिसका उपयोग करके मैं किरण का दुख बाँट लेती। थोड़ा रुक कर अंत में किरण ने मुझसे कहा, 'अब मुझे तिहाड़ को एक दूरी से देखना है। क्या हुआ, अगर मैं वहाँ एक हिस्सेदार नहीं हूँ। खुद को नियंत्रित करना, खुद का अवलोकन करना ही उच्चतम जागरूकता है।'

किरण की सुनते-सुनते मुझे भवानी प्रसाद का एक गीत याद आ गया, जो किरण पर संपूर्ण रूप से लागू होता है।

एक बसंत में, दो बैल, चर गए थे
मेरा गुलज़ार का गुलज़ार, मगर,
ऐसा तो नहीं हुआ कि मैंने
फिर नहीं रोपे फूल-पौधे

जैसे ही मैं उठी, किरण ने एकाएक मुझसे कहा, 'सेल्फ-रेपुटेशन का अधिकार मुझसे कोई नहीं छीन सकता है।' फिर एक पल रुक कर आहत आत्मगौरव और स्वाभिमान से विचलित, किरण के भीतर शरारती लड़की ने अँगड़ाई ली, और मुझसे पूछा, 'आई.जी. (पी) आर.एस. गुप्ता के तिहाड़ में दो साल पूरे हो गए हैं, क्या मैं विभाग से दोबारा तिहाड़ में नियुक्ति का आवेदन कर दूँ ?'

मैं जानती हूँ, किरण क्यों तिहाड़ लौटना चाहती हैं। कौन अपने घर लौटना नहीं चाहता ?

ख़ैर यह घटना तो 30 मई 97 की उस तपती हुई दोपहर और बाद में हुई तेज़ बारिश के दिन की है। 2 नवंबर '97 को भैयादूज था—और उसी शाम मेरी संस्था दिल्ली कला कर्म द्वारा प्रायोजित शिमला स्थित 'अभिव्यक्ति' की अमला राय

के निर्देशन में 'कोर्ट मार्शल' का मंचन था। मेरी संस्था किरणबेदी के मार्गदर्शन और संरक्षण में अन्य कार्यों के अलावा अपराध से ग्रस्त या प्रभावित बच्चों, औरतों और पुरुषों के लिए अनेक कार्यक्रमों में सक्रिय है। अपराधग्रस्त लोगों, विशेष रूप से उनके बच्चों और बेकसूर परिवार जन की समाज में जो दुर्गति की जाती है, वह सर्वविदित तो है, लेकिन उसकी चिंता किसी को नहीं। किरण को है यह चिंता। उस शाम किरण श्रीराम कला केंद्र में हमारी मुख्य अतिथि थीं। उन्होंने सुबह-सुबह कहा था, 'अगर स्मारिका छप गई हो तो एक प्रति मुझे दे दो, मुझे बोलना आसान हो जाएगा।' सुबह नौ बजे मैं उनके घर गई। किरण अपने भाई और माताजी के साथ बगीची में बैठी थीं। मैंने उन्हें बताया कि शिमला कैथू जेल में हुई घटनाओं को याद कर रेडियो पर बच्चों के अधिकार विषय पर परिचर्चा में भाग लेते समय मुझे इन बच्चों का ध्यान सताने लगा। अभी तक मैंने या 'नवज्योति' ने किया उसे और विस्तृत तथा ठोस रूप देना ज़रूरी हो गया है। इसी मुद्दे को मैंने उस सुबह किरण के सामने उठाया। बंदियों और रिहा हो चुके बंदियों के लिए जितना किरण तड़पी हैं, उसी के फलस्वरूप किरण ने मुझसे कहा था, 'सरोज, गृह मंत्रालय में एक ऐसा पद है, जिसका सीधा संबंध कारावासों से है। कोई भी इस पद पर नियुक्त नहीं होना चाहता और जो कुरसी पर आसीन होता है वह अपराधग्रस्तों के लिए कुछ करता नहीं है। मैं इस पद पर नियुक्ति चाहती हूँ। इसमें सकारात्मक काम करने की संभावनाएँ अपार हैं।' सवाल उठता है आई.जी. के पद पर पहुँच चुकी महिला आई. पी. एस. किसी मनपसंद नियुक्ति के लिए स्वयं कैसे निवेदन कर सकती है। दास्तानों में अगर अपनी दास्तान बनाए रखनी है तो यह काम वतन की फिक्र करनेवालों का है।

अभी कल की ही तो बात है। मैं 19 नवंबर 97 को राजनिवास सुबह की सार्वजनिक सुनवाई में यह देखने गई कि लोगों की शिकायतें सुनते, उनका निवारण करते-करते गत छह महीनों में किरण थक तो नहीं गईं। मेरी शंका बेबुनियाद थी। कौन नहीं जानता कि किरण को चाहे किसी भी पद पर नियुक्त कर दो या फिर किसी भी बंजर भूमि में पटक दो, वहीं वह कुछ-न-कुछ अभिनव, अप्रत्याशित और सुंदर कर दिखाएँगी।

सुनवाई सुबह नौ बजे शुरू हो जाती है। समापन पर किरण की ओर से कोई पाबंदी नहीं है। जब तक फरियादी आते रहेंगे, तब तक किरण उनके दुःख-दर्द, शिकवे-शिकायतें सुनती रहेंगी। बाहर पर्ची काटनेवाला स्वागत कक्ष अधिकारी किसी को लौटाता नहीं है। मैंने इंस्पेक्टर सुनीता से पूछा भी, 'सुनीता, कितने बजे तक

सुनवाई चलती है ?' 'जब तक लोग आते रहते हैं।'

चार घंटे तक चली इस सुनवाई में लोगों की शिकायतों की एक बानगी : 'हमारे यहाँ चार साल से मलबा नहीं उठा, आने-जाने का रास्ता बंद है, बंदर, कुत्ते और मच्छरों के कारण हम परेशान हैं।' यह लोग पहली बार यह शिकवा लेकर नहीं आए थे। किरण ने अपना आदेश लिखते समय (जाहिर है, किरण के पहले आदेश को नगर निगम ने नज़रअंदाज़ कर दिया था) कहा था, 'जब तक चालीस को बुखार नहीं चढ़ता, कुछ नहीं होगा। सिर्फ, चार को ही बुखार क्यों चढ़ता है ?' आखिर जब तक नागरिक स्वयं उठकर दबाव नहीं डालेगा, निगम का क्या सिर फिरा है कि वह काम भी करे और वेतन भी ले ! अभी सितंबर माह में ही नगर निगम के कमिश्नर ने ज़ोरदार एतराज़ करते हुए उपराज्यपाल तेजिंदर खन्ना और विशेष सचिव किरण बेदी पर आरोप लगाया है, 'उपराज्यपाल और विशेष सचिव द्वारा पालिका की कार्य-पद्धति में हस्तक्षेप अनुचित घुसपैठ है। उन्हें ऐसा करने का कोई अधिकार नहीं।' किरण किरण कैसे बनी रह सकती हैं—अगर वह विवाद न पैदा करें। साथ ही वह किसी से डर कर पीछे कैसे हट सकती हैं ?

'उनका' कहना है, 'हम किसी भी प्रकार का अतिरिक्त संवैधानिक दबाव सहन नहीं करेंगे। हम कितना गिर चुके हैं इसकी जानकारी विपक्ष के एक नेता के इस कथन से मिलती है।' 'उनका' कहना है, 'उपराज्यपाल द्वारा नियुक्त (टास्क फोर्स) के कार्यकलापों से भ्रष्टाचार में वृद्धि हुई है। क्या एल. जी. ने ठेका ले रखा है टास्कफोर्स बनाने का।' निगम के पार्षद तो खैर नाराज़ हैं हीं, सदन के उपनेता ने एक कदम आगे जाते हुए नागरिक रक्षकों (सिटिज़न वार्डन) की तुलना विशेष पुलिस अधिकारियों से की और कहा, 'जैसे विशेष पुलिस अधिकारी भ्रष्ट साबित हुए थे, वैसे ही यह नागरिक रक्षक भी उनके नक़्शे कदम पर चल रहे हैं। गलत लोगों के इशारों पर रक्षक बन गए हैं। यह सच है किरण ने हाल ही में जामा-मस्जिद के एक नागिरक रक्षक को पदच्युत किया है। वह हर शिकायत करनेवाले से पचास-पचास रुपए बटोर रहा था। इसके अलावा उसने अपनी जान-पहचानवालों को ग़ैर-कानूनी ढंग से परिचय पत्र जारी कर दिए थे। इनके सहारे वह लोग, लोगों पर अनेक अपराधों के लिए जुर्माना लगा सकते थे। लेकिन नगर निगम द्वारा हस्तक्षेप के संदर्भ में लगाए आरोपों के बारे में किरण कहती हैं, 'सार्वजनिक शिकायतें सुनने का कानूनी और नैतिक अधिकार उपराज्यपाल को है। और उपराज्यपाल के कार्यालय तक पहुँचनेवाली अधिकांश शिकायतें नगर निगम से संबंधित होती हैं। क्या उपराज्यपाल का कार्यालय सिर्फ एक प्रेक्षक है ? एक दर्शक बनकर बैठे रहना उपराज्यपाल का काम नहीं है।

यहाँ से तो प्रक्रिया आरंभ होती है, दखल और मध्यस्थता के माध्यम से।

बेशक नगर निगम द्वारा मचाए गए शोर-शराबे के फलस्वरूप तेजिंदर खन्ना ने नागरिक रक्षकों को प्रदान किए गए अनेक अधिकारों को रद्द कर दिया है और आदेश जारी किए हैं कि किरण बेदी अब समय-समय पर बारह उपायुक्तों से मुलाकात करने के स्थान पर महीने में एक बार आयुक्त से मिलेंगी। इस तरह मेरा काम पहले से आसान हो गया है। दूसरे, उपराज्यपाल के इस निर्णय से पता चलता है वह अहं भावना से ग्रस्त नहीं हैं।'

वैसे भी नागरिक रक्षक या कोई भी नागरिक शिकायत करने का हकदार है। निगम अपना कर्तव्य निभाने को तैयार नहीं तो क्या वह शिकायतों पर भी पाबंदी लगा सकता है ?

इसे मैं एक संयोग ही मानूँगी कि उस दिन सार्वजनिक सुनवाई के बाद जब मैं किरण के कार्यालय में बैठी वहाँ की कार्यपद्धति को देख रही थी तो एक फोन के उत्तर में किरण कह रही थीं, 'आप आकर हमारे नियंत्रण-कक्ष में कुछ समय बिताइए, यह खतो-किताबत, यह फैक्स पर दिए संदेश बेकार हैं। हमें ज़रूरत है ऐक्शन की। सिविल लाइंस की एक भी शिकायत का निवारण अभी नहीं हुआ है। हम हर गतिविधि को मॉनीटर कर रहे हैं, न ही हम आपके निकृष्ट निष्पादन को किसी प्रकार की विशिष्टता देने की कोशिश में हैं। इससे पहले कि यह एक सार्वजनिक मसला बन जाए, आप अपना काम शुरू कर दें। हमें ज़रूरत है ऐक्शन की, फाइलें भरने से क्या होगा ?'

मैंने बहुत ही झिझककर प्रश्न पूछा था, 'किसका फ़ोन था ?'

'नगर निगम का नया आयुक्त।' मैं तो सिर्फ हाए, हाए, हाए ही कह सकती हूँ। यहाँ एक वीरांगना अपने शहर, अपने देश, अपने लोगों के लिए इतनी चिंतित हैं और यह नगर निगम...बेहतर है कि मैं कुछ न कहूँ क्योंकि यह एक ऐसा ढाँचा है जिसने नागरिकों का जीना दूभर कर दिया है—आज से नहीं बरसों से।

उस दिन और भी बहुत से मामलों से मेरा परिचय हुआ, जिनका विवरण मैं यहाँ दूँगी। लेकिन मैं वहाँ बैठी-बैठी यह ज़रूर सोचती रही—क्या यह काम किरण बेदी के लायक है। आइए आपको मैं सार्वजनिक सुनवाई की ताजा तस्वीर दिखाती हूँ। इसके बाद मुझे कुछ भी नहीं कहना है। अगर आप प्रबुद्ध नागरिक हैं तो आप स्वयं समझ जाएँगे कि किरण बेदी किस चीज़ का नाम है।

एक शिकायती दल किसी एक बौद्ध विहार मंदिर की शिकायतें लेकर गुहार कर रहा था कि मंदिर की जमीन उनके नाम कर दी जाए। किसी एक व्यक्ति का

नाम लेकर उन्होंने शिकायत की कि वह गत 22 वर्षों तक मंदिर का सचिव था।' अब यह लोग कार्यकर्ता के रूप में माँग कर रहे थे कि उन्हें विधिपूर्वक मंदिर की मिल्कियत सौंप दी जाए। उन्होंने भूल से किरण को यह भी बता दिया कि उन्होंने मंदिर के परिसर में चार दुकानों और एक सभागार का निर्माण कर लिया है। किरण ने चौंक कर पूछा था, 'डी. डी. ए. की इजाज़त ली थी।' उत्तर आया, 'जी नहीं।' ज़ाहिर है, यह निर्माण अवैध था, ठीक वैसे ही, जैसे झुग्गियों का। इस शिकायती दल से ठीक पहले एक युवक किरण की चिरौरी कर रहा था, 'मुझे अपनी झुग्गी दोबारा बनाने की इजाज़त दी जाए। मैं कहाँ जाऊँ, मेरा इस संसार में कोई नहीं।' इजाज़त देने का प्रश्न ही नहीं उठता था। बेचारा विस्थापित नम आँखों से लौट गया था। बौद्ध विहार पर कब्ज़ा कर चुके कार्यकर्ताओं को किरण ने यह तो नहीं कहा कि 'डेमोलिशन' (अवैध निर्माण गिराने) के लिए तैयार हो जाइए, लेकिन जो कहा, उसका निष्कर्ष यही था। वह बोली थी, 'क्यों मान लूँ आपकी बात, अभी-अभी आपके सामने उस आदमी को झुग्गी दोबारा बनाने से मना कर दिया है। आपको मंजूरी क्या इसलिए दे दूँ, क्योंकि आपने सफेद साफ़ कपड़े पहन रखे हैं और उसके कपड़े गंदे थे ? क्या इसलिए···क्या आपका लेखा-परीक्षण हो चुका है। कल रिपोर्ट ला कर मुझे दिखाएँ।'

'जी, गत बीस वर्षों में उस सचिव ने कभी कोई हिसाब नहीं रखा।'

'आप अपने कार्यकाल की ऑडिट रिपोर्ट कल ले कर आएँ।'

उनके चेहरों पर साफ़-साफ़ लिखा था कि यह परीक्षण उन्होंने करवाया ही नहीं। उड़ती चिड़िया को पल में पहचाननेवाली नज़रें सब समझ गई थीं। 'हाँ, रिपोर्ट के साथ अपने ऑडिटर को भी साथ लाइएगा। पहले वह पैसा बनाता था, अब आप बना रहे हैं। फ़र्क क्या है दोनों में ?' सिट्टी-पिट्टी गुम। डंडे का इस्तेमाल पुलिसवाले कर सकते हैं, लेकिन किरण तो नज़रों-शब्दों से ही डंडे से बढ़कर वार करने में दक्ष हैं। आगे किरण ने कहा, 'इस शिकायत का निचोड़ क्या है ? दूसरों द्वारा किया अवैध कब्ज़ा हमेशा चुभता है यह हमारा चरित्र बन चुका है। अगर आप जुआ खेल कर गरीबों में कमाया धन बाँट देते हो, तो भी बात है तो गलत ही न। और हाँ, कल ऑडिटर के अलावा उस पुराने सचिव को भी साथ लाना। दोनों तरफ की बात सुनी जानी चाहिए।'

मैं सोचती रही–कौन-सा नकाब पहनकर यह लोग किरण को अपना चेहरा दिखा पाएँगे ?

पारिवारिक हिंसा की शिकार, दहेज उत्पीड़न से दुखी औरतों की इस देश में

कमी नहीं है। उस दिन भी थीं तीन, चार। एक माँ, बेटी और बेटा। लिखित शिकायत थी, हमारी बेटी का भावी ससुराल दहेज की माँग कर रहा है।

किरण ने पलट कर सवाल किया था, 'क्यों ब्याह रहे हैं अपनी बेटी को एक भिखारी से ?' माँ ने उत्तर दिया था, 'क्या करें, इसकी एक आँख नहीं है।'

लड़की की ओर मैंने देखा तो दोनों आँखें मुझे एकदम ठीक नज़र आईं। साँवली ज़रूर थी लड़की, लेकिन थी सलोनी, कमसिन, बेबस हिरनी-सी, गुपचुप, शायद एक आँख की रोशनी किन्हीं कारणों से चली गई होगी।

किरण ने लड़की से पूछा, 'तुम भिखमंगे से शादी करने के लिए तैयार हो ?'

'नहीं।'

'तो आप इस शादी से इंकार कर दीजिए। आप से दान-दहेज ले कर एक ही महीने में आपकी बेटी को लौटा देगा। मैं आपकी मदद तब करूँगी, जब आप मुझे इस कागज़ पर लिख कर दे देंगी कि आप लोग यह शादी नहीं करना चाहते। अरे, इस लड़की को सक्षम बनाइए, शादी का क्या है, हो जाएगी बच्ची की उम्र ही क्या है।' तीनों पंद्रह मिनट बाद लौट आए थे और अपने संशोधित शिकायती पत्र को किरण को थमा कर लौट गए। मैंने बाद में किरण से पूछा था, 'क्या लड़के वालों ने लिखित माँग की है ?'

'नहीं।'

आगे कुछ पूछने का मन नहीं हुआ। क्यों बेटियों को घर से नरक में धकेलने की कोशिश माँ-बाप करते रहते हैं ?

एक और माँ की शिकायत थी, 'मेरे नाम से दो फ्लैट हैं। मेरा पति और बेटा मुझे और मेरी बेटी को मारते-पीटते हैं, गंदी-गंदी गालियाँ देते हैं। आप हमारी मदद कीजिए। मेरा खून होनेवाला है।' वह कहते हैं, 'क्या करोगी ? जेल भिजवा दोगी ? अगले दिन ज़मानत पर छूट कर तुम्हारा क़त्ल कर दूँगा।'

किरण ने कहा था, 'बेटा क्यों नहीं टोकता बाप को ?'

'जी, वह शिमला में रहता है, कल आया था, अपना कुछ सामान रख गया है, वैसे तो बाप उसे भी मारता-पीटता है, गालियाँ देता है पर वह मेरी तरफ़दारी भी नहीं करता है। शायद वह भी मकानों की मिल्कियत चाहता है।'

पूछने पर बेटे की उम्र उस महिला ने चालीस साल बताई। किरण ने व्यवस्था देते हुए कहा, 'मैं आपकी मदद तब करूँगी जब आप अपने बेटे को यहाँ ले कर आएँगी, जब वह यहाँ आपके साथ खड़ा होगा, तब मैं देखना चाहती हूँ कि आपका बेटा चालीस साल का है या चार साल का। वह कितना डरपोक है और कितना

बहादुर।'

उस दिन कितनों ने झूठ और सच को छानती किरण से डाँट खाई। एक युवा सरदार ने जैसे ही अपना शिकायती परचा किरण के समक्ष रखा, क्रोधित किरण फूट पड़ी, 'मैं भी सोचूँ यह शराब की गंध कहाँ से आ रही है। पीछे हटो, और पीछे, और पीछे।' और फिर मुड़ कर किरण ने आदेश दिया, 'पी.सी. आर. बुला कर पता लगवाओ, इसके शरीर में एल्कोहल कंटेंट कितना है।'

एक और सरदार था, किसी गुरुद्वारे का रागी, किसी थानेदार ने उसे बहुत पीटा था। प्रश्न पूछा गया तो उत्तर एक साथ आए संगी-साथी ने दिया, 'जी थाने के बाहर पाठ कर रहा था। थानेदार ने पीट दिया।'

'पाठ करने के लिए गुरुद्वारे हैं, आपका अपना घर है, थाने के बाहर पाठ का इंतज़ाम हमने अभी नहीं किया है।'

'जी ! मैं तो पीसफुल डेमांस्ट्रेशन (शांतिपूर्ण प्रदर्शन) कर रहा था।' मुझे लगा किरण को पूर्वसूचना थी कि थाने पहुँचाए जाने से पहले वह रागी किसी की विवादास्पद सम्पत्ति पर धार्मिक अनुष्ठान कर रहा था। किरण ने आदेश दिया, ''इसे बोलो, इंतज़ार करे मैं इससे बाद में बात करूँगी।'

वह रागी किरण के पोंडियम के दस कदम पीछे धरने की मुद्रा में ज़मीन पर बैठ गया था। थोड़ी देर में दो सिपाही आए और उसे बड़ी शालीनता से रफा-दफा कर दिया गया।

एक मोटा-ताज़ा अधेड़ उम्र का पुरुष मेडिकल रिपोर्ट के आधार पर एक मकान आवंटित करवाना चाह रहा था। किरण ने उसे कहा, 'ऐसी माँग करनेवालों की हमारे यहाँ कोई कमी नहीं है। क्या वकील हो ?'

उत्तर था, 'नहीं।'

'तो फिर 'माई लॉर्ड' कहा ?'

'जी, कोर्ट में ऐसे ही बोलना चाहिए।'

'यह कोई कोर्ट नहीं है, यह एक साधारण दफ्तर है।' किरण ने इशारा किया था और कुछ ही पलों में रिपोर्ट आ गई थी कि वह आदमी वकालत ही करता है। तभी थोड़ी दूरी पर खड़ा एक वृद्ध बोला था।

'आनेस्टी इज़ द बेस्ट पॉलिसी, मैं टूट जाऊँगा, पर कभी झूठ बोल कर बेईमानी नहीं करूँगा।'

बड़े गर्व से किरण ने उसका परिचय करवाया था, 'यह मेरा ट्रक चालक रह चुका है, यह सब कुछ कर सकता है, बेईमानी नहीं कर सकता है।'

कांजीवरम में बनी महँगी रेशमी साड़ियों में लिपटी झूठ की दो पुतलियाँ—एक कम उम्र युवती, दूसरी अधेड़ महिला—अपने-अपने परचों पर लिखी शिकायतों के सच और सिर्फ सच होने का दावा कर रही थीं। अगर उन्हें कोई तंग कर रहा है तो क्यों ? वाजिब प्रश्न था। सो किरण ने स्थानीय थानों से रिपोर्ट की माँग की थी। दोनों ही नाखुश थीं। उन्हें तो तुरन्त निवारण चाहिए था। जिनके मामलों को सुलझा दिया गया था, जिनके मामलों की देखभाल उचित ढंग से हो रही थी, वह अन्य फरियादियों से ज़रा ज़्यादा ही उतावले हो रहे थे। बस कोई जादू की छड़ी चल जाए तो बचा-खुचा मामला भी द्रुत गति से निपट जाए।

सुनवाई से निपट कर जब किरण अपने कार्यालय में लौट रही थीं, तो मैंने कहा था, 'इतना धैर्य, इतनी सहनशीलता, कहाँ से पाई तुमने ?' उत्तर में वह सिर्फ़ मुस्करा भर दी थीं। भीतर पहुँच कर बोली थीं, 'तिहाड़ के मुकाबले यहाँ का अनुभव एकदम अलग है। वहाँ शिकायतें दूर करना, मसले हल करना मेरे अपने हाथ में था। यहाँ मैं हर एक विभाग के काम करने के तरीके को एक शीशे में देख सकती हूँ। वहाँ हम मसलों की शवपरीक्षा करते थे। यह पता लगाते थे कि कौन-कौन सड़-गल चुके हैं, यह पता लगाते थे कि बीमारी है कहाँ पर। हम ऐसी स्थिति में हैं कि हम तक शिकायतें पहुँचती ज़रूर हैं, लेकिन उनका निवारण हमारे हाथ में नहीं है। कई विभाग दबाव में आ कर यह कह कर दोष निवारण कर रहे हैं कि चलो सुन लेते हैं इसकी शिकायत। लेकिन न तो उनका 'वर्क कल्चर' बदला है और न ही 'माइंड सेट।'

युगोस्लाविया में एक कहावत है : अगर आप यह जानना चाहते हैं कि कोई व्यक्ति कैसा है तो उसे किसी प्राधिकृत पद पर नियुक्त कर दीजिए। ऑस्कर वाइल्ड ने अपने एक नाटक में प्रतिपादित किया है, किसी व्यक्ति या देश की प्रगति के लिए पहला ज़रूरी कदम है असंतोष। जब भगवान ने भी इस संसार की रचना की थी, तो चारों तरफ़ सिर्फ आदिगर्त के और कुछ न था।

मानव के असंतोष के फलस्वरूप ही दुनिया में बेहतरीन प्रगति संभव है।

आज स्वतंत्रता एक भारी महामारी एक प्लेग बन कर हमारे सामने मुँह बाए खड़ी है। अगर आप सत्ता, अधिकार या अपने पद को प्यार करते हैं तो आप खुद से ही प्यार करते हैं लेकिन अगर आपको सचमुच आज़ादी प्यारी है तो आप दूसरों को प्यार करते हैं। बस शर्त सिर्फ़ एक ही है—निरंतर चौकसी। लेकिन किरण इन दिनों राजनिवास से किस पर निगाहें रखे चौकस है ! उस नगर निगम पर, जिसकी आत्मा ही नहीं है, तभी हम नागरिक नगर निगम को न तो अवैध घोषित कर सकते

हैं और न ही च्युत कर सकते हैं।

3 अप्रैल 1777 को एडमंड वर्क ने ब्रिस्टल के शेरिफों यानी शासनाधिकारियों को एक पत्र में लिखा था—जहाँ लोग आमतौर पर भ्रष्ट हों, वहाँ आज़ादी ज़्यादा दिन नहीं टिक सकती लेकिन भारत की स्थिति यह है कि संवैधानिक स्वतंत्रता के बावजूद भ्रष्टाचार बेधड़क पनप रहा है और हम आज़ाद हैं। काश, हम नाराज़ हो जाते, काश चार की जगह चालीस को बुख़ार चढ़ता। परिवर्तन से संसार नफरत करता है, उससे अनेक लोग क्षतिग्रस्त हो जाते हैं। सिर्फ़ मूर्ख और मृत अपना मत कभी नहीं बदलते। अगर कुछ लोग अपनी सोच, अपनी विचारधारा बदल भी लें, तो क्या हो सकता है ?

कार्ल मार्क्स ने परिवर्तन के समर्थन में बहुत कुछ कहा भी है तथा लिखा भी है। 1868 में लिखे एक पत्र में उन्होंने कहा है, 'अगर किसी को इतिहास के बारे में ज़रा-सी भी जानकारी है, तो वह इतना तो ज़रूर जानता होगा कि बिना स्त्रीवर्ग द्वारा व्यक्त रोष, अंतःक्षोप के कोई परिवर्तन संभव नहीं। अगर आपने सामाजिक प्रगति का मूल्यांकन करना है तो पहले 'महिलाओं की सामाजिक स्थिति पर एक नज़र डालिए।'

हमें हमेशा याद रखना चाहिए, स्थितियाँ स्वयं कभी नहीं बदलतीं, हम उन्हें बदलते हैं। परिवर्तन एक वैज्ञानिक प्रक्रिया है, परिवर्तन असंदिग्ध है, सुनिश्चित है। और किरण को इस प्रक्रिया में पूर्ण आस्था है।

परिवर्तन एक विकासीय प्रक्रिया है। आप सीखते हैं, काम करते हैं और विकसित होते हैं। किरण ने यह प्रमाणित कर दिया है कि किसी भी काम से भयभीत होने की ज़रूरत नहीं, कोई भी नियुक्ति सजा नहीं हो सकती है। किरण ने एक अद्भुत कार्यशैली विकसित की है। उपराज्यपाल कार्यालय के तहत दिल्ली सरकार के 41 विभाग आते हैं। लोगों के प्रति उत्तरदायी होने के अलावा दूसरा विकल्प क्या है ? लोगों के मन में क्रेनों की याद आज भी ताज़ा है। 1981 से 1997 कैसे भिन्न है। किरण की कार्यप्रणाली बहुत सरल और सुव्यवस्थित है। वह मानती हैं कि हमें हर वक़्त सक्रिय रहना चाहिए, हर वक़्त समस्याओं के हल निकालते रहना चाहिए। कभी-कभी हमें अनौपचारिक हल ढूँढ़ने पड़ते हैं। शर्त सिर्फ एक ही है, हल निकालते समय सार्वजनिक हिस्सेदारी बहुत ज़रूरी है। गत आठ महीनों में हमारे नियंत्रण कक्ष ने 33 हज़ार शिकायतें दर्ज की हैं। हमारा प्रशासनिक ढाँचा क्यों चरमरा रहा है ? बस पुरानी आदत है, कुछ न करने की। लेकिन हमें इस ढहते हुए ढाँचे को बदलना है। सार्वजनिक नेतृत्व यहाँ बहुत बड़ी भूमिका निभा सकता है। लोग कभी भागीदारी

निभाने से झिझकते नहीं हैं। जब हम प्रदूषण से जूझते हैं, तो हम ट्रैफिक के नियमों का पालन खुद-ब-खुद करते हैं।

माना कि आज किरण पहले के मुकाबले अधिक विशाल ज़िले की समस्याओं से घिरी बैठी हैं, हमें अगर बहुत-सी किरण बेदियाँ नहीं मिल सकतीं तो हममें से कुछ एक किरण बेदी के कुछ अंश अपने भीतर आत्मसात कर लें तो अनेक समस्याएँ स्वयं ही हल हो जाएँगी।

यहाँ मैं बिलासपुर मध्य प्रदेश के ज़िला कमिश्नर हर्ष मंडर द्वारा अभी हाल ही में आरंभ किरण योजना का ज़िक्र करना चाहूँगी। कारावास में बंद कैदियों के आश्रितों के लिए किरण नाम से एक योजना आरंभ की गई है। इसे चलाने के लिए ज़िला प्रशासन ने तीन स्थानीय ग़ैर-सरकारी संगठनों और अन्य सरकारी संस्थानों की मदद माँगी है। अधिकांश कैदी या तो बहुत छोटे अपराध करके भीतर आए हैं या फिर ज़मीन को ले कर हुए झगड़े के फलस्वरूप। एक बार जेल में आ जाने के बाद उनके बाल-बच्चों और औरतों को अनेक मुसीबतों का सामना करना पड़ता है। इनमें अधिकांश लोग जनजातीय क़बीलों के होते हैं। उच्च वर्ग के शक्तिशाली लोग स्थिति का लाभ उठाते हुए उनकी ज़मीन हथिया लेते हैं। इस योजना के तहत कैदियों को कार्यकर्ताओं से खुलकर अपनी कठिनाइयों पर बात करने दी जाती है। किरण बेदी को इससे अधिक सुंदर जवाब और कहाँ से मिल सकता था। आज सबसे अधिक ज़रूरत है छूटे हुए हवालातियों या सज़ा पा चुके कैदियों के पुर्नवास की। इस कभी न ख़त्म होनेवाली कहानी की नायिका को आजकल एक नया नाम दे दिया गया है—'नॉन स्टॉपकॉप' यानी एक ऐसी पुलिसकर्मी, जो निरंतर अविराम काम करती है। यह कथन न तो कोई अतिशयोक्ति है और न ही अतिरंजना।

अभी हाल ही में 22 अक्तूबर 1997 को 'जोज़फ बोएज़ संस्था' ने किरण बेदी को पुरस्कृत करते हुए 14,000 डॉलर प्रदान किए हैं। आप पूछ सकते हैं, क्यों ? अब तो वह तिहाड़ जेल की आई. जी. पी नहीं हैं। आप यह भी पूछ सकते हैं कि 1987 में स्थापित इस संस्था के प्रेरक जोज़फ बोएज़ का कारावासों से क्या संबंध था ? इन्होंने किरण बेदी को ही सम्मानित करने का फैसला क्यों और कैसे किया ?

संस्था ने इस प्रश्न का उत्तर इस तरह दिया है। न्यासियों के अनुसार, 'कलाकार जोज़फ बोएज़ मानते थे कि हर इंसान एक कलाकार है।' इसका यह मतलब कतई नहीं है कि हम सब सिर्फ़ एक संकीर्ण दृष्टि अपना कर कला की बात करें। हम जो भी कर रहे हैं, जहाँ भी कर रहे हैं, उसमें कला पक्ष का ध्यान रखना लाभकारी ही सिद्ध होगा। जोज़फ बोएज़ ने एक शब्द-निर्माण किया था 'सामाजिक मूर्तिकार'।

कौन और कैसा होता है यह बुततराश, यह मूर्तिकार ? स्वयं जोज़फ ने कहा था कि एक सामाजिक बुत तभी तराशा जा सकता है, जब हर व्यक्ति अपनी क्षमता का पालन-पोषण करते हुए एक कलात्मक तरीके से उसे सँजोए रखता है। जोज़फ बोएज़ स्वतंत्र अंतर्राष्ट्रीय विश्वविद्यालय के समर्थक थे। किरण ने तिहाड़ कारावास को एक आश्रम में बदल कर, उसे यही स्वरूप तो दिया था। एक बहुत ही ग़ैर-पारंपरिक ढंग से, सृजन पर अपनी निगाहें टिका कर किरण ने जाने-अनजाने जोज़फ बोएज़ की इस मान्यता को कार्यरूप दिया था। किरण ने सृजनात्मकता और मान-मर्यादा को ऐसे लोगों के भीतर संचारित कर दिया, जो निराशा की प्रतिमूर्तियाँ बन चुके थे। बोएज़ की सोच से बहुत मेल खाता है किरण का मानवता के प्रति प्रेम। जोज़फ बोएज़ निधि का कहना है कि डॉ. किरण बेदी ने हमारे मानवीय मूलधन को प्रोत्साहित कर तिहाड़ जेल में विकसित किया है। निधि ने आशा व्यक्त की है कि इस साहसी सुधारक के भावी प्रयासों में भी जोज़फ बोएज़ की विचारधारा मददगार सिद्ध होगी। जर्मनी की संसद की अध्यक्ष रीता सुसमथ ने फ्रैंकफुर्त में आयोजित समारोह में किरण द्वारा मानवीय मूल्यों की रक्षा में उठाए गए कदमों की सराहना की। ज़रा सोचिए, मई 1995 में किरण का तबादला तिहाड़ जेल से कर दिया गया था। किरण की तड़प को एक़ पल के लिए अगर हम नज़रअंदाज़ कर भी दें, तो क्या हम एक प्रश्न पूछने के हक़दार हैं या नहीं ?

"किरण के कार्यकाल के दौरान दो सौ से अधिक ग़ैर-सरकारी संगठन तिहाड़ जेल में सक्रिय थे। आज वहाँ सिर्फ़ महिला प्रतिरक्षका मंडल, नवज्योति, नशा मुक्ति केंद्र के कुछ कार्यकर्ता काम कर रहे है। और अब हमें वहाँ भीतर घट रही घटनाओं की जानकारी सिर्फ़ समाचार पत्रों के माध्यम से ही मिल रही है। 11 नवंबर के 'पायोनियर' के अनुसार भीतर सुधारात्मक कार्य सिर्फ़ दिखावे के लिए किए जा रहे हैं। वास्तविक स्थिति क्या है ? एक बात तय है कि आजकल तिहाड़ को विपरीत प्रेस अधिक मिल रहा है। सौ-सौ बार डी. आई. जी. सारंगी कहते रहे कि फलां पत्रकार ने जो लिखा, वह उसकी नासमझी के कारण लिखा गया वह तो प्रशिक्षण ग्रहण कर रही है। हमें इन सफाइयों से क्या लेना-देना है। जब बना-बनाया भवन एक ही झटके से ढह जाता है, तब धरती भी चीत्कार कर उठती है।

जोज़फ बोएज़ रचित पुस्तक 'कोर्स : वर्क कोर्स' कला जगत् में अपनी विशेष भाषा और शैली के लिए विशिष्ट स्थान रखती है। सोच-विचार, चिंतन, मंथन ही शैली को आकार देता है। किरण की अपनी विशेष शैली है, बोलने और लिखने की। जब वह हैसेन के छह कारावासों में गईं, तो ज़ाहिर है उन्होंने तिहाड़ जेल में

उठाए गए सुधारात्मक कदमों से वहाँ के अधिकारियों और बंदियों को अवगत करवाया। वह वहाँ एक लौ प्रज्ज्वलित करके आई हैं, इसकी रोशनी तले जो भी होगा, अच्छा ही होगा। आज और कल दोनों ही किरण के हैं।

अगर किसी ने चिराग जलाने का फैसला कर ही लिया हो, तो हवा का जोर ही काफ़ी बहाना बन जाता है। ऐसा शहरयार का मानना है। वह यह भी कहते हैं :

जबानी दावे बहुत लोग करते हैं
जुनूँ के काम को करके दिखाना होता है

हमारे शहर में ये कौन अजनबी आया
कि रोज़ ख़्वाबे-सफ़र पे रवाना होता है

और अंत में निदा फाज़ली की दो पंक्तियाँ, जो किरण पर बखूबी लागू होती हैं :

मुसाफिर के रस्ते बदलते रहे
मुकद्दर में चलना था, चलते रहे

–सरोज वशिष्ठ

तिहाड़ : मेरा दूसरा घर

तिहाड़ मेरा दूसरा घर बन जाएगा, ऐसा मैं खुद तक नहीं जानती थी। कुछ ने दबे स्वर में और कइयों ने खुले आम एक ही बात कही थी–यह नियुक्ति नहीं, सज़ा है।

यह मेरा पहला स्थानांतरण नहीं था, यह बात तो सर्वविदित है। लेकिन बहुत कम लोग समझते हैं कि इस तरह बार-बार होनेवाले मेरे तबादलों के पीछे दो चीजें हैं। पहली, सरकारी नीतियों की गैर-मौजूदगी और दूसरी, राजनीतिक दबाव। नियुक्तियों के पीछे मौजूद राजनीतिक कारणों में केंद्र के निजी हित निहित रहते हैं। ऐसे मौकों पर व्यावसायिक तर्क क्षतिग्रस्त हो जाते हैं। अब तो मसला राष्ट्रीय महत्त्व का हो गया है। अगर इसे नियंत्रित न किया गया, तो पूरे देश की बरबादी होगी। मैं समझती हूँ कि प्रचार-प्रसार माध्यमों का यह प्रथम कर्तव्य बन जाता है कि इस समस्या का अध्ययन कर आम जनता में जागरूकता पैदा करें।

मैं समझती हूँ कि तबादलों पर जारी राजनीतिक नियंत्रण और हस्तक्षेप पर प्रतिबंध लगाने के लिए एक सुरक्षा आयोग का गठन किया जाना जरूरी है। इसके सदस्यों में पुलिस के वरिष्ठ अधिकारी शामिल किए जाने चाहिए। यही वरिष्ठ अधिकारी तबादलों पर फैसले देने के हकदार होने चाहिए। अफसोस कि ए.एन. मुल्ला आयोग द्वारा इस विषय पर दी गई सिफारिशों को लागू नहीं किया गया है। अगर सरकार दृढ़ और सुनिश्चित नीतियाँ नहीं बनाती, तो न सिर्फ अन्य महिला पुलिसकर्मियों, बल्कि औरों के साथ भी वही व्यवहार किया जाएगा जो मेरे साथ हुआ है।

बहरहाल, मैं जब तिहाड़ जेल में पहुँची, तो वहाँ सिवाय समस्याओं के और कुछ भी न था। मुझसे पहले कार्यरत अधिकारियों ने मेरे लिए एक रुद्ध संस्था छोड़ी

थी। जब कोई मानवीय संस्था रुद्धता के कगार पर पहुँच जाती है, तो वह अपकर्ष की ओर बढ़ने लगती है। उन्होंने पूरी व्यवस्था को नज़रअंदाज़ करते हुए एक अन्यायसंगत रवैया अपना रखा था। इसका सबसे बड़ा उदाहरण मैं देना चाहती हूँ और वह है कर्मचारी कल्याण की अवहेलना। काडर प्रबंध के बारे में भी किसी ने सोचा तक नहीं। कर्मचारियों के पुनः मूल्यांकन को इस हद तक नज़रअंदाज़ किया गया है कि एक दिन ऐसा भी आएगा, जब अधिकांश कर्मचारी एक ही साथ एक ही दिन सेवा निवृत्त हो जाएँगे। क्या यह अपकर्ष का संकेत नहीं है ?

इस तरह की क्षीण होती, सड़ रही संस्कृति के रहते क्या कर्मचारियों से उम्मीद की जा सकती है कि वह किसी कारागार में एक प्रदोलित करनेवाले सकारात्मक वातावरण की रचना करें। उनके लिए कोई प्रशिक्षण केंद्र नहीं है। जिस जेल से हर रोज़ सैकड़ों बंदी रिहा होते हैं और उतने ही भीतर आते हैं, वहाँ दिसंबर 1993 तक कंप्यूटर तक न था और जब यह काम संपन्न हुआ तो सरकार के हाथों नहीं, बल्कि स्वयंसेवी संस्था रोटरी द्वारा दी गई भेंट से। जिस काम को चार-चार घंटे लग जाते थे वह अब चार मिनट में पूरा होने लगा है।

जिस समय मैंने तिहाड़ जेल में अपना पद भार सँभाला, प्रचार-प्रसार माध्यमों ने मेरे काम को 'सुधार' की संज्ञा दी। मैंने तो सिर्फ परिसर के वातावरण को बदलने के निर्णय लिए थे। जेल में एक दिन कैसे बिताया जाना चाहिए ? सबसे पहले मैंने तिहाड़ निवासियों के समक्ष स्पष्ट किया कि मैं उनके चारों और फैली ऊँची मोटी पीली दीवारों को तो नहीं तुड़वा सकती, हाँ, मुझे अगर उनकी शिकायतों-दिक्कतों की जानकारी मिल जाए, तो मैं उन्हें ज़रूर दूर करने का प्रयास करूँगी।

मैं यह तो दावा नहीं कर सकती कि ध्यान, पूजा-पाठ, साक्षरता कार्यक्रम या पंचायतें बना कर मैंने सभी बंदियों को शांतचित्त कर दिया लेकिन मैं यह ज़रूर कह सकती हूँ कि कारावास कर्मचारियों और बंदियों के बीच लंबे समय से जारी तनाव खत्म हो गया था। देखते-ही-देखते व्यसन, दुराचार और भ्रष्टाचार की माँद, तिहाड़ जेल एक आश्रम, एक सुधारगृह, एक अद्वितीय संस्था बन गई।

पहरेदारों, संतरियों और बंदियों के बीच जारी विद्वेष को समाप्त करने के लिए मैंने जेल के भीतर तैनात सभी कर्मियों को निरस्त्र कर दिया। भारतीय दंड संहिता के तहत आरोपित बंदियों को सिर्फ दो कर्मचारी देखते हैं। उन्हें बंदियों को छूने तक की अनुमति नहीं होती है। टाडा या अन्य खतरनाक अपराधों के लिए दोषारोपित बंदियों के अलावा किसी को बेड़ियाँ या हथकड़ियाँ नहीं लगाई जा सकतीं। किसी भी तरह की ज़्यादती की सूचना मुझ तक पहुँचाने के लिए शिकायत और अनुरोध

पेटी का चलन शुरू किया गया।

मैं एक अतिरिक्त किलोमीटर की जगह अनेक किलोमीटर तक जाने को तैयार थी। यह सच है कि मेरे तहत कार्यरत अधिकारी सिर्फ अपनी दैनिक ड्यूटी करने में रुचि रखते थे, लेकिन मेरा लक्ष्य था अपराधियों को सुधारना। मैंने वक्त को अतिरिक्त महत्ता दी है। जब समस्या की पहचान हो जाती है, हल खुद-ब-खुद निकल आते हैं। इसके बाद मैं सक्रिय हो जाती हूँ और काम इतनी तेजी से होने लगता है कि सारी प्रक्रिया मुझे स्पष्ट नज़र आने लगती है।

किसी भी कारावास संचालन या निरीक्षण के लिए प्रत्यक्षता, पारदर्शिता और प्रवेश बहुत ज़रूरी तत्त्व हैं। इसीलिए मैंने अपने कार्यालय के किवाड़ हमेशा खुले रखे। जब मैं बहुत छोटी थी, तभी से मैं दीन-हीन लोगों के प्रति बहुत संवेदनशील थी। अकसर गरीब लोग मेरे पिता से मदद माँगते। उनकी समस्याओं में पुलिस की ज्यादतियाँ भी शामिल होतीं। तभी मैंने फैसला कर लिया था कि मैं पुलिस अफसर ही बनूँगी।

जब मुझे मैगसे से पुरस्कार और उसके कुछ ही समय बाद नेहरू फैलोशिप प्रदान की गई, तो जाहिर है मैं बहुत खुश थी। जितना भी काम मैंने तिहाड़ जेल में किया था, उसे ठोस और अकादमिक स्वरूप देने का मौका मिल गया था। मेरे जेल अनुभव के अलावा यह शोध एक भारी योगदान सिद्ध होगा। इस फेलोशिप का विषय ही तिहाड़ जेल में सुधार था। इस तरह देश-विदेश की जेलों में जाकर वहाँ की कार्यप्रणाली का अध्ययन करके ही मुझे अपना शोध प्रबंध लिखना था। इस विषय से मैं मानसिक और व्यावसायिक स्तर पर जुड़ी हुई थी। मेरे शोध कार्य का शीर्षक है 'भारत में जेल सुधार–बृहत विवक्षा के आधार पर, तिहाड़ के संदर्भ में।' यह अध्ययन मुझे तीन वर्ष के भीतर संपन्न करना था। मेरे पास पर्याप्त समय था 1994-95, 1996-97। जब मैं मिजोरम में थी, तो मैंने अपना शोध कार्य अपने सेवा कार्य के साथ-साथ संपन्न किया था। अन्य अनेक विभागों की ही तरह इस विभाग में भी बहुत कुछ करना शेष है। हमारे यहाँ जेलों को एक अपरिवर्ती तरीके से संचालित करने का चलन नहीं है। सबसे पहले तो हमें जेल अधिनियम को दुबारा लिखना होगा। अभी तक वही नियम लागू हैं, जो ब्रितानी शासक रच गए। हमें अपनी जेल नियमावली (मैनुअल) में सुधार करना होगा, जिसमें सुधारात्मक पक्षों पर अधिक ध्यान दिया जाना जरूरी है। हमें सिर्फ सुरक्षा नहीं बनाए रखनी है, बल्कि उसकी रचना ऐसे मौलिक ढंग से करनी होगी जिससे उत्कृष्ट अनुभवों को मद्देनज़र रख कर आधुनिक जरूरतों के आधार पर परिवर्तन किया जा सके।

बेशक विदेशों की अनेक जेलें तकनीकी स्तर पर बहुत आधुनिक हैं। उनकी फैक्टरियाँ, शिक्षा पद्धति और अनेक किस्म की इमदादें हमसे अधिक विकसित और आधुनिक हैं। लेकिन ऐसा नहीं है कि भारत की जेलों में सकारात्मक काम किए ही नहीं गए। उद्योग के क्षेत्र में भारत की अनेक जेलें काफी सक्रिय रही हैं। तिहाड़ सहित हमारी अधिकांश जेलें काफी पिछड़ी रही हैं। जब मैं पिछड़ेपन की बात कहती हूँ, तो मेरा मतलब सिर्फ़ आर्थिक गतिविधियों से नहीं है। तिहाड़ जेल में, कम-से-कम मेरे कार्यकाल के दौरान, मानव संसाधन प्रबंध के क्षेत्र में हम काफी आगे थे। भारत की किसी जेल में ऐसा पहली बार हुआ कि योग, ध्यान, आध्यात्मिक शिक्षा-दीक्षा, कहानी और नाटक और कविता वाचन जैसे अनेक कार्यक्रम पहली बार शुरू किए गए।

बात नवंबर 1994 की है। हमने महसूस किया कि हमारी जेल व्यवस्था विफल हो चुकी है। कैद किए गए लोगों के मामले इतने लंबे समय तक विचाराधीन रहते हैं कि हमें लगा कि इस संदर्भ में कुछ कदम उठाने ज़रूरी हैं। आखिर एक बंदी समाज में अकेला व्यक्ति नहीं होता है। उसका एक परिवार होता है और हमें कभी यह नहीं भूलना चाहिए कि अगर उस बंदी ने कोई अपराध किया भी है, तो जरूरी नहीं कि पूरा परिवार ही अपराधी है। ज़रा एक पल के लिए आप सोचिए कि कोई एक बंदी एकदम बेकसूर है और जेल में वक्त काट रहा है, तो ऐसे में उसके परिवार पर क्या गुजरती है ? हम इतना तो कर ही सकते हैं कि मामलों की सुनवाई और फैसलों के लिए वक़्त की एक मियाद, एक निश्चित अवधि तय करवा दें। जो लोग व्यवस्था का संचालन करते हैं, उन्हें सिर्फ समस्याओं की चर्चा ही नहीं करनी चाहिए, बल्कि उनके हल भी ढूँढ़ने चाहिए। अगर एक बार नीतियाँ निर्धारित कर ली जाएँ या फिर इन कार्यक्रमों को संस्थागत रूप दे दिया जाए, तो सुधार कार्यक्रम एक आदत बन जाएँगे। विकास कार्यक्रमों के लिए जेल प्रशासन को सरकारी, वित्तीय सहायता की मदद का इंतज़ार नहीं करना चाहिए। उन्हें समुदाय और व्यक्तियों से मदद माँगनी चाहिए। यह हमेशा भरपूर मात्रा में उपलब्ध होती है। जहाँ तक हम अधिकारियों का प्रश्न है, हमें बंदियों के साथ ज्यादा समय बिताना चाहिए। इस तरह वह अपने अस्तित्व को पहचान पाएँगे।

1972 में मैंने पहली महिला पुलिस अधिकारी बनकर मील का एक पत्थर गाड़ा। लॉन टेनिस में मैं पूरे एशिया में चैंपियन घोषित की गई। 1978 में राष्ट्रपति से वीरता पुरस्कार पाया, 1982 में एशियाड खेलों के दौरान यातायात के सुव्यवस्थित प्रबंध के लिए भरपूर सराहना की पात्र मैं बनी और दस वर्ष पहले मैंने नशा मुक्ति

केंद्र नवज्योति की स्थापना की। और भी बहुत कुछ हुआ मेरे साथ, अच्छा और बुरा। लोगों ने मुझे अनेक नामों से सुशोभित किया है—क्रेन बेदी से लेकर सुधार बेदी तक और फिर विवाद बेदी। आज वह मेरे नए नाम की ज़रूर तलाश कर रहे होंगे। मेरी नियुक्ति दिल्ली के ले. गवर्नर तेजिन्दर खन्ना के निजी सचिव के रूप में की गई है। शायद अब लोग मुझे निष्पादक बेदी के नाम से पुकारेंगे। लेकिन मैं अकेली कौन हूँ ? कोई भी नहीं। मेरे पीछे एक बहुत बड़ी फौज खड़ी है। यह फौज मुझे पहली बार नहीं मिली है। मैं इस फौज की सदा-सदा आभारी रहूँगी। 'मैं' से जब हम 'हम' बन जाते हैं, तो नतीजे अभूतपूर्व होते हैं।

तिहाड़ में मेरे कार्यकाल में हुए परिवर्तन और सुधारों के फलस्वरूप एक विशेष प्रकार की चिंता ने जन्म लिया। तभी तो सितंबर 1996 में जेल सुधारों के बारे में प्रस्तावित विधेयक के मसौदे में जेल प्रणाली का राष्ट्रीय स्वरूप विकसित करने के लिए व्यापक उपायों की सिफारिश की गई। बेशक प्रस्ताव को राज्य विधान सभाओं की स्वीकृति मिलनी जरूरी है। राष्ट्रीय मानवाधिकार आयोग ने माना है कि इस नये विधेयक का उद्देश्य देश में जेल प्रशासन और कैदियों के रख-रखाव में सुधार होगा। इन गतिविधियों के कारण एक बहुत ही महत्त्वपूर्ण फैसला लिया गया है। अब किसी ऐसे व्यक्ति को जेल में बंद नहीं किया जाएगा, जिसने कोई अपराध तो नहीं किया, लेकिन जो मनोरोग से ग्रस्त होने के कारण वहाँ लाया गया है। ऐसा इसलिए होता है क्योंकि अनेक नगरों में मनोचिकित्सा के लिए व्यवस्था ही नहीं होती है। अगर किसी जेल में अपनी माताओं के अपराध के कारण दस भी बच्चे हों, तो उनके लिए क्रेच स्थापित करना जरूरी होगा। लेकिन सिर्फ कानून बना कर अपराधों की रोकथाम नहीं की जा सकती। इस अपवाद को रोकने के लिए लोगों के मन बदलना ज़रूरी हैं। इस काम में जैन शिक्षा पद्धति बड़ी महत्त्वपूर्ण है। मैं यह भी मानती हूँ कि आज हमें राजनेताओं को ईमानदारी और निष्पक्षता का प्रशिक्षण देने की सर्वाधिक ज़रूरत है।

हमने तिहाड़ जेल में जो किया, उसे अन्य लोग क्रांतिकारी परिवर्तन मानते हैं। जहाँ तक मेरा सवाल है मैं सिर्फ आशा की साधना करती हूँ और मेरी आशा बहुत ही शक्तिशाली है। अगर मैं ही समस्याओं का हल न ढूँढ़ पाऊँ, तो मैं तो स्वयं ही एक समस्या बन जाऊँगी। मैं भी एक किसी भी भारतीय नारी की तरह एक माँ पहले हूँ और कुछ बाद में। मैं बच्चों से प्यार करती हूँ।

लेकिन मैं उन बच्चों की बात करती हूँ, जो इसलिए अपराध की दुनिया में फँस जाते हैं, क्योंकि समाज और सरकार ने उनके प्रति अपनी ज़िम्मेदारी को समझा

ही नहीं। उन्हें अच्छे नागरिक बनाने में कौन योगदान देगा ? अपराध को प्रोत्साहित करने में नशीले द्रव्यों का बड़ा योगदान है। अपराध का अंत नहीं, तो रोकथाम तो संभव है, बशर्ते समाज-सरकार अपनी भूमिका सकारात्मक ढंग से निभाएँ।

अमेरिका के राष्ट्रपति ने पाठशालाओं के बाहर पुलिस के सिपाही अब नियुक्त किए हैं। मैंने यह कदम 1980 में उठाया था और यह प्रणाली अच्छा काम कर रही है। तिहाड़ में बंद 9,700 कैदियों में से 9,500 पुरुष थे और इनमें से बहुत बड़ी संख्या में नशेबाज़ थे। एक कारावास को आश्रम बनाने में मेरी मदद इन्हीं पुरुषों ने की थी। आप मुझसे सहमत होंगे कि भारत का पुरुष मूल रूप से नारी का आदर करता है। इस विशिष्ट संस्कृति के कारण मैं उनके हृदय जीत पाई। हमारे यहाँ गरीबी है, विलासितापूर्ण (पेंट हाउस) भी हैं, पर हमारी शक्ति अनुकंपा और प्रेम भावना में निहित है। यह भारत ही है, जिसने पूरे विश्व को सबसे पहले बीजगणित, रेखागणित, खगोल विज्ञान और अनेक अन्य कलाएँ और वैज्ञानिक जानकारियाँ दीं। महात्मा गांधी ने ज्ञान और संस्कृति को आपस में साझा बाँटना की न्यासिता की परिकल्पना दी। अगर हम ऐसा नहीं करते, तो यह विश्वास-भंग होगा।

यह तो सर्वविदित है कि तिहाड़ जेल संसार की इकलौती ऐसी जेल है, जहाँ शत-प्रतिशत साक्षरता का लक्ष्य सफलतापूर्वक प्राप्त किया गया। इसमें तीन सौ गैरसरकारी संगठनों, व्यक्तियों, अनेक शैक्षिक संस्थाओं और इंदिरा गांधी खुला विश्वविद्यालय का योगदान प्रमुख है। लेकिन इससे भी महत्त्वपूर्ण बात यह है कि कोई भी व्यक्ति सुधर जाने, जेल से छूट जाने के बाद मान-आदर से जीवन व्यतीत करना चाहता है। यह अवसर अगर उसे मिल जाता है, तभी यह पूरा प्रयास सफल माना जा सकता है।

जेल सुधार विधेयक संसद के चालू सत्र में पेश किए जाने की संभावना है। 1980-83 के दौरान दी गई आनंद नारायण मुल्ला आयोग की सिफारिशों को आज तक लागू नहीं किया गया है। 17 साल गुजर गए हैं, लेकिन राष्ट्रीय पुलिस आयोग की सिफारिशें अभी लागू नहीं की गई हैं। ऐसा जानबूझ कर इसलिए किया जाता है क्योंकि यह सब कदम राजनीतिक नेताओं के स्वार्थों से मेल नहीं खाते हैं। अगर पुलिसकर्मियों को सिर्फ अपनी सामान्य ड्यूटी ही पूरी करने दी जाए, तो बहुत-सी सामाजिक बुराइयाँ स्वतः ही समाप्त हो जाएँगी।

मानव अधिकारों और नागरिक स्वतंत्रता की रक्षा के लिए राष्ट्रीय मानव अधिकार आयोग ने 1995-1996 की अपनी वार्षिक रिपोर्ट में बड़े प्रभावशाली ढंग से सिफारिश की कि पुलिस की छवि और प्रतिष्ठा पुनःस्थापित करने और सुधारने

के लिए यह सुधार ज़रूरी है। यह रिपोर्ट संसद में 10 सितंबर 1996 को पेश की गई थी। आप निगाह रखिए कि इसका क्या अंजाम होता है।

8 जनवरी 1997 को सुप्रीम कोर्ट ने जेल अधिकारियों को निर्देश दिया था कि छह महीने के अंदर-अंदर देश भर की जेलों को सुधार गृहों में बदल दें। उनमें उपलब्ध स्थान से अधिक कैदी न रहें, उनके साथ दुर्व्यवहार न हो, उन्हें प्रताड़ित न किया जाए और उनके स्वास्थ्य का पूरा खयाल रखा जाए। 2 जनवरी 1997 को तिहाड़ जेल के एक बंदी ने दूसरे एक बंदी के साथ समलैंगिक सेक्स के चक्कर में उस पर हमला किया और उसके लिंग को काट खाया।

तिहाड़ जेल में मेरे कार्यकाल के दौरान समलैंगिकता को लेकर कितना बड़ा बवाल उठ गया था, यह सर्वविदित है। उसे दुहराने का आज कोई विशेष महत्त्व नहीं है। लेकिन मैं इतना ज़रूर कहना चाहूँगी कि कारागार प्रबंध में अपवर्तन का विशेष महत्त्व होता है। जेल के भीतर अनेक तत्त्व सक्रिय होते हैं, जिनके फलस्वरूप ऐसी असामान्य घटनाएँ घट जाती हैं। मैं मानती हूँ कि कैदियों को हर वक्त व्यस्त रखना बहुत कारगर सिद्ध हुआ। एक-एक पल और क्षण की गिनती उतनी ही जरूरी है, जितनी उन्हें दिन में दो बार बंद करते समय की गई गिनती। काम भावना स्वयं को अभिव्यक्त करने के लिए समय काटने का एक ज़रिया है। वह विसामान्य या विचलित करनेवाले व्यवहार के लिए एक निश्चल और ख़ामोश व्यवस्था ही ज़िम्मेदार होती है और इसी व्यवस्था को बदलना हमारी आज की ज़रूरत है।

मैं बहुत-से जेलों में गत तीन वर्षों में गई हूँ। लेकिन जो हालात मैंने राँची जेल में देखे, वह बेहद विकराल और वीभत्स थे। वास्तव में जहाँ तक जेलों के बदनाम चरित्र का प्रश्न है, इसका स्पष्ट-सा उत्तर तो यह है कि जेलों की बदनामी का कारण पुलिस विभाग के ही कुछ कर्मचारी कर रहे हैं, जो किसी मजबूरीवश या लालच के कारण विभाग के चरित्र को हानि पहुँचाते हैं। आरंभ में जब मुझे जेलों की देख-रेख का कार्य सौंपा गया तो तरह-तरह के व्यक्तियों ने मेरा उत्साह गिराने का बड़ा प्रयास किया। पर मैं इस कार्य को एक चुनौती समझ चुकी थी, अतः मैंने इसे हर हालत में स्वीकार किया। मैं यह जान कर आश्चर्यचकित थी कि कुछ राजनीतिज्ञ, जो मेरे कार्य करने की शैली से दुखी थे, मुझे इस पद पर देखना नहीं चाहते थे, लेकिन मुझे मेरे विभाग के उच्चाधिकारियों ने काफी सहयोग दिया।

आई.जी. (जेल) नियुक्त होने के पश्चात मैं सबसे पहले उन सब चर्चाओं तथा समाचार पत्रों में तिहाड़ जेल के बारे में प्रकाशित हो रहे समाचारों की सच्चाई जानना चाहती थी, क्योंकि मेरे साथ के अधिकारी भी मुझे बार-बार निर्देश देते थे कि किरण,

जरा ध्यान से। तिहाड़ जेल के स्टाफ से भी मिलकर यही महसूस हुआ कि इन्हें कोई अधिक अनुभव नहीं है और इनके दिलों में कैदियों के प्रति घृणा उत्पन्न हो गई है।

बेशक मेरे लिए जेल प्रबंधों की देख-रेख काफी बड़ी चुनौती थी। उत्तरदायित्व भरा यह एक नया अहसास था, परंतु जब मैंने सारे कैदियों का रिकार्ड देखकर उनसे अकेले बातचीत की, तो उनकी मानसिक स्थिति जान कर मुझे एक नई आशा की किरण दिखाई दी। कई कैदियों ने मुझे क्रेन बेदी और कइयों ने शेरनी उपनाम देने आरंभ कर दिए। पर मैं उनके मज़ाक में शामिल हो गई, हालाँकि कैदी काफी सहम गए थे। वह मुझसे खुल कर भी बात करने से झिझकते थे। शुरू के दिनों के दौरान ही मध्य प्रदेश के चार कैदी एक बैरक में बंद थे। उनके विषय में यह चर्चा थी कि वह परस्पर गहरे मित्र थे, पर एक रात वह परस्पर किसी बात पर झगड़ पड़े और एक कैदी की हत्या हो गई। इस घटना से जेल का वातावरण काफी गर्म हो गया और इस घटना ने मुझे मानसिक तौर पर कुछ करने की आवश्यकता का अहसास करवाया।

इसी दौरान मेरी भेंट एक ऐसे कैदी से हुई जो अपनी पत्नी के कत्ल से पूर्व काफी प्रसिद्ध समाज सेवक था। उसने मुझे कई बार कहा था कि मुझे खत्म कर दो, पर उसके हालात देखकर मैंने मन में ही निर्णय कर लिया कि क्यों न ऐसे कैदियों को पुनः पहले जैसा स्वच्छ वातावरण उपलब्ध करवा कर पुराने जीवन में वापस लाया जाए।

कैदियों को कागजों में अच्छे चाल-चलनवाला बता कर उनकी शेष सजाएँ समाप्त करवाने के लिए निम्न अधिकारियों का दबाव तो आम बात है, परंतु वर्तमान स्थिति में जेलों की कारगुज़ारी पर प्रश्नचिह्न लगाना भी असंभव है, क्योंकि हमारा मिशन यह नहीं है कि कैदी शराफत से सजा काट कर चला जाए, हम तरजीह इस बात को ही देते हैं कि एक बार जो अपराध की दुनिया में आने के पश्चात जेल में पहुँच गया, उससे ऐसा व्यवहार किया जाए कि उसे अपराध की भावना से घृणा हो जाए तथा वह समाज का एक अच्छा अंग बन कर शेष के लिए भी प्रेरणा बने। इस विषय में मैं जेल विभाग को भाग्यशाली समझती हूँ कि हमें बहुत-से समाज सुधारकों तथा महिला संगठनों ने बहुत अधिक सहयोग दिया है, जिसके कारण हम कैदियों की मानसिक भावनाओं को समझने में सफल हुए। इससे देश के शेष जेल अधिकारियों को भी रास्ता मिला है तथा यह एहसास हुआ है कि कैदी भी हमदर्दी चाहते हैं तथा प्यार की आशा रखते हैं।

मेरा निजी अनुभव है कि अनेक लोगों के लिए पुलिस की स्वीकृति अच्छाई के रूप में नहीं, बल्कि एक थोपी गई बुराई के रूप में है, परंतु यह प्रभाव समाप्त करने के लिए अधिकारियों, कैदियों तथा समाज-सेवी संस्थाओं के सहयोग के कारण आरंभ किए गए। अभियान के परिणाम बहुत अच्छे रहे, जैसे कैदियों की पढ़ाई, खेल, पूजापाठ आदि से अपनी दिनचर्या आरंभ करते, अनपढ़ कैदी पढ़ना-लिखना सीखते, जेल में स्थित कार्यशालाओं में कैदी अपनी हस्तकला को निखार रहे हैं और पैसा कमा कर जेल में स्थित बैंक में जमा करवा रहे हैं।

मैं हमेशा ही इस तथ्य से सहमत रही हूँ कि अपराधियों को सजा देने की अपेक्षा उन्हें मानसिक तौर पर दृढ़ इरादेवाले बना कर निर्माणात्मक मार्ग-दर्शन के द्वारा मानवीय भावनाओं के प्रति प्रेरित करने के लिए ध्यान केंद्रित किया जाए। कैदियों या अपराधियों से अमानवीय व्यवहार नहीं किया जाना चाहिए। अपराधियों में मानसिक परिवर्तन लाने के लिए तथा उन्हें समाज के प्रति उनके उत्तरदायित्व का एहसास करवाने के लिए और गुजर चुकी जिंदगी से उनका ध्यान हटाने के लिए जेलों में ही योग, ध्यान, खेल-कूद, छोटे-मोटे कार्य तथा कपड़े सीने जैसे कार्य सिखाए गए, जिसके उत्साहजनक परिणाम निकले और जेल का वातावरण बदला।

जैसा कि मैंने अभी कहा कि भारत में ऐसा पहली बार हुआ है कि इतने सारे विषयों, क्षेत्रों के लोग स्वयं तिहाड़ में अपनी सेवाएँ अर्पित करने आए। उनमें से एक अपवाद को छोड़ कर कोई भी वहाँ धन कमाने नहीं आया था। न ही वह लोग नाम के भूखे थे। वह आते थे एक अजीब-से समर्पण में लिपटे किंतु देने की भावना से। उसी का एक नतीजा था 1994 में हमारे द्वारा तैयार एक पुस्तिका साइड-बाई- साइड। विषय था बंदियों का सामाजिक पुनः संगठन। यह काम जेल प्रशासन का है। लेकिन इसमें गैरसरकारी संगठनों का महत्त्वपूर्ण, अभूतपूर्व योग रहा। यहीं से उभरे थे परिवर्तन के स्वर। एक मूल्यांकन के रूप में 'द फैमली' के सोनिया कुमार पिल्ले, रोहित कुमार, सरोज वशिष्ठ और जेल मुख्यालय की कुमारी सुनीता ने मिलकर इस पुस्तिका को द्रुत गति से तैयार कर दिया था। इसे मैं बिल क्लिंटन के नाश्तेवाली मीटिंग में साथ ले गई थी।

बहुत-से सुधारों के बारे में लगभग हर रोज पत्र-पत्रिकाओं में विवरण छपते रहते थे। यहाँ मैं कुछ ऐसे कार्यक्रमों का जिक्र करना चाहती हूँ, जिनकी जानकारी लोगों तक पहुँची ही नहीं।

'साइड-बाई-साइड' के शुरू में एक कविता उद्धृत की गई है, जिसका भावार्थ है : इस दिन के खत्म होने से पहले मेरा जीवन एक दर्जन ज़िंदगियों को छू चुका

होगा। जब तक सूरज डूबेगा, तब तक इन जिंदगियों पर अच्छे या बुरे निशान छोड़ जाएगा। इसलिए मैं केवल एक ही प्रार्थना करती हूँ भगवान, जो भी मेरे रास्ते में आए, मैं उसकी मदद कर सकूँ।

सबसे पहले मेरे पास ब्रह्मकुमारियाँ आई थीं। इन्होंने पहले तिहाड़ जेल नंबर एक और तीन और फिर बाद में दो में प्रवचनों का आयोजन किया था। शुद्धता, प्रसन्नता और शांति पर प्रवचन के अलावा रक्षा बंधन दिवस पर चारों जेलों के निवासियों ने अनुबंध पत्रों पर हस्ताक्षर कर शपथ ली थी कि वह पाप की दुनिया त्याग कर एक सदाचारी, नेक, ईमानदार जिंदगी जिएँगे। नशा-मुक्ति और साक्षरता दिवस भी मनाए गए, जिनके फलस्वरूप बंदियों को तनाव, नशेबाजी से मुक्ति तो मिली ही साथ ही उन्हें अपने भीतर झाँकने का एक मौका, जीवन में कुछ उत्कृष्ट करने, सोचने-समझने का एक सुअवसर मिला। एक और संस्था भीतर आई थी लेमेंस इवाँजेलिकल फेलोशिप। चारों जेलों में इन्होंने न सिर्फ़ बाइबिल का पाठ किया, बल्कि कैदियों के साथ मिल-जुल कर उनके दुखड़े सुने, उनके मन के विकारों को, बदले की भावना, खुद को नष्ट करने जैसे विचारों पर काबू पाने में मदद की। उनके द्वारा 300 महिला बंदियों को 300 मफलर और मंकी टोपियाँ देना अपने आप में एक अनूठा उत्सव था।

विद्याज्योति नामक संस्था आध्यात्मिक मार्गदर्शन करने जब आई तो उन्होंने सलाह-मशविरे, कपड़े, किताबों के अलावा एक बहुत ही रुचिकर कार्यक्रम चलाया। युवा सजीवता के सहारे खेल-खेल में सामूहिक स्तर पर व्यक्तित्व विकास, नेतृत्व विकास के कार्यक्रम चलाए। इनके सहारे एक-दूसरे में विश्वास उत्पन्न होता है। आपसी संबंध सुदृढ़ होते हैं। घड़ियों, रेडियो और वाकमेन की मरम्मत करना भी विद्याज्योति ने उन्हें सिखाया।

इंदिरा गांधी खुला विश्वविद्यालय, राष्ट्रीय खुली पाठशाला, पंजाबी अकादमी ने साक्षरता के क्षेत्र में अपना भरपूर योगदान दिया। लेकिन व्यक्तिगत स्तर पर एच. एल. राना मेजर जनरल दिनेश चंद्र, सिमरित कौर, कुमारी इंदु, सरला भार्गव, डॉ. हरिश्चन्द्र एस. सेठी अनेक ऐसे नाम हैं, जिन्होंने तिहाड़ के वातावरण को कम दुखदायी, कम पीड़ाजनक बनाने में दिलोजान से अपना कीमती वक्त दिया। और, दिल्ली के प्रकाशकों का तो जितना धन्यवाद किया जाए, कम है। हिंद पॉकेट बुक्स की माधवी मल्होत्रा की पहल ने तो पूरे शहर के प्रकाशकों पर ऐसा असर छोड़ा कि तिहाड़ में 22 पुस्तकालय देखते-ही-देखते बन गए। सरोज वशिष्ठ आई थीं तिहाड़ में कथा वाचिका के रूप में। मैंने ही कहा था, पंचतंत्र और मानसरोवर से शुरू करो। सरोज

की नियुक्ति मैंने जेल नंबर तीन के मुड़ा जेल (जिसका बाद में सचित वार्ड नामकरण हुआ) में यह कहकर की थी—"जाओ और 16 से 18 साल के लड़कों को सँभालो।" इस एक वाक्य का लंबा इतिहास है और सरोज वशिष्ठ के पास सफल परिणामों की इतनी कहानियाँ हैं कि हमें मायूस होने की ज़रूरत नहीं। लेकिन इसका अर्थ यह कतई नहीं है कि हमने अपराध जगत् को सुलझा लिया है या हम कभी अपराध का जड़ से उन्मूलन कर पाएँगे। हम सिर्फ उसे नियंत्रित कर सकते हैं। और वह भी एक सीमा तक। यही अपने आप में एक बहुत ही संतोषजनक बात है।

विपश्यना की शक्ति

एक क्रांति तिहाड़ जेल में नवंबर 1993 को और दूसरी अप्रैल 1994 में आई थी। एक वह भी ज़माना था, जब वहाँ हर कैदी की पिटाई होती थी। अगर कोई भागने का प्रयास करता तो उसका सिर कलम कर दिया जाता था। नवंबर 1993 में एक सौ से अधिक लोगों और 1994 में 1162 लोगों की तो ज़िंदगियाँ ही बदल गईं। दस-दस दिन के इन दो शिविरों में उपासकों को न सिर्फ लगातार मौन रहना था, बल्कि एक बहुत ही कठोर अनुशासित कार्यक्रम के तहत अपनी मुक्ति के लिए निर्देशों के अनुसार जीवन जीने की कला सीखनी थी।

धर्म, भाषा, प्रांत के नाम पर हमने इतना खून बहाया है कि भविष्य को रोने में दिक्कत महसूस होगी। अन्य जेलें पाँच कैदियों को एक ही स्थान पर एक साथ जमा करने की हिम्मत नहीं कर सकती हैं, लेकिन हमने अप्रैल 1994 में एक विशाल शामियाने के नीचे दस दिन और दस रातों के लिए 1162 बंदियों के विपश्यना शिविर के लिए एक साथ रहने दिया। इस संख्या में सौ जेल कर्मचारी और साठ महिलाएँ भी थीं। न जाने कैसे जेल को आश्रम में और आश्रम को आनंद धाम में बदल देना बहुत आसान काम बन गया था। हम लोग जादू की छड़ी ढूँढ़ रहे थे, हमें व्यवहार मंत्रणा की खोज थी, हमें उपचारज्ञ की ज़रूरत थी। मैं भगवान को नहीं जानती, लेकिन विपश्यना हमारे लिए एक आशीर्वाद के रूप में आया था। विपश्यना दर्शनशास्त्र नहीं है, यह सब धर्मों से ऊपर आत्म-अवलोकन की एक प्रक्रिया है। विपश्यना मानवता का प्रतीक है। इसकी अपनी ही अलग विशिष्टता है। विपश्यना के माध्यम से पुराने आचरण से छुटकारा पाया जा सकता है। मेरी समझ के अनुसार हर इंसान एक बंदी है, ज़रूरत स्वयं के सत्य को खोजने की है और ज़रूरत है अपने बौद्धिक स्तर

को ऊँचा उठाकर अपने अहं का विनाश कर सत्य का अन्वेषण करने की। जब दुःख के काले बादल फटते हैं, तब वे किसी के साथ पक्षपात नहीं करते हैं।

बन्दियों ने सार्वजनिक निर्माण विभाग से मिलकर विपश्यना कुटीर का निर्माण एक महीने के रिकार्ड समय में कर दिया था। साधना के लिए अनिवार्य उचित वातावरण इस कुटीर की विशेषता है। बाद में महिला वार्ड में भी एक विशेष विपश्यना कुटीर निर्मित किया गया था। शिविर के अंतिम दिन विपश्यना के शिक्षक और इस विशाल शिविर के संचालक गुरु सत्यनारायण गोयनका जी को जब मैंने कुटीर का उद्घाटन करने के लिए आमंत्रित किया, तो उन्होंने अपनी मधुर, सौम्य, धीर, गंभीर आवाज़ में उत्तर दिया था, 'उद्घाटन तो हो गया। तपोभूमि बन गई है तिहाड़ जेल। इतने लोग मुक्त हो गए हैं। इस आश्रम के जितने प्राणी हैं सबों के दुखड़े दूर हों। शुद्ध धर्म सबके मन में जागे। अंतरमन शीतल, निर्मल, स्वच्छ होये रे। सबका मंगल होये रे।'

इस मंगल कामना के बाद गुरुजी ने विपश्यना शिविर में भाग ले रहे उपासकों में से किसी एक को स्वेच्छा से उद्घाटन करने का निमंत्रण दिया।

उस क्षण मैं अपने जीवन में, संभवतः, सार्वजनिक रूप से पहली बार रोई थी—चुपचाप, धीरे-धीरे, अंदर-ही-अंदर।

कम मौके आए हैं, जब मुझे अपनी बात कहने के लिए शब्द नहीं मिलते हैं। उनके शब्द, उनकी ध्वनि, उनके विचार, उनके आशीर्वाद मेरे भीतर गूँज रहे हैं। फिर भी मैंने कहा था—'जितने परेशान आप थे, उतने ही हम भी थे। हम तो दूसरों को दोष देने की स्थिति में भी थे, लेकिन हमें रास्ता मिल गया था। चलना तो आपने अपने ही पैरों पर है। अगर आप और हम रास्ते पर चल न पाए, तो दोष हमारा अपना ही होगा। इस शिविर का माहौल बहुत अनुशासित था, इसलिए पूरा कार्यक्रम अच्छा चला। एक धन्यवाद से यह समारोह सम्पन्न हुआ। इस क्षण धन्यवाद, हमारे आनेवाले हर श्वास से धन्यवाद निकलता रहेगा। आज के बाद हमें किसी को दोष नहीं देना है। आज के बाद कोई भूल नहीं करनी है। क्या आज तक हमने कोई ऐसा शिक्षक देखा है जो खुद अपने छात्रों के साथ परीक्षा दे ? उस शिविर में हमने ऐसा शिक्षक देखा। अपना ध्यान रखिएगा। अपने आपको सुख देना ही संसार को सुख देने के समान है।' मैं बंदियों को आदेश नहीं दे रही थी। मैं तो खुद को आदेश दे रही थी।

मुझसे पूछा गया था, 'इस विशाल अनुष्ठान से आप कैसी उपलब्धि की अपेक्षा कर रही हैं ?'

मेरा उत्तर था, 'मैं तो हर क्षण दक्ष हो रही हूँ। हर क्षण मेरे लिए एक सिद्धि है। जेल तो एक बहते हुए दरिया की तरह है। हर महीने एक तिहाई बंदी रिहा हो जाते हैं। मुझे विश्वास है और मैं आशा करती हूँ कि जानेवाले कभी भी यहाँ लौटेंगे नहीं। अगर वे अपने जीवन का संचालन सुचारु रूप से कर पाए, तो मैं इसे ही उपलब्धि मानूँगी।'

आपकी सफलता का रहस्य क्या है ? पूछे जाने पर मेरा उत्तर था–'यह सच है कि मैं आदेश देती हूँ। ऐसा करना मेरी ड्यूटी है। हम लोग नीतियाँ निर्धारित करते हैं। हम मिलकर निर्णय लेते हैं। विपश्यना ने मुझे और तेज़ भगाया है। मेरे सामने एक लक्ष्य निर्धारित हो गया है। मुझे वहाँ पहुँचने की जल्दी है। हो सकता है कि इस समय मैं छोटे-छोटे कदम उठा रही हूँ, भविष्य में शायद मैं रफ्तार तेज़ कर दूँगी। अब मैं घर लौटती हूँ, तो मेरे साथ खुशियों से भरे थैले होते हैं।'

इस अमृतवर्षा से ओतप्रोत कीमती लाल सेठी, मनोज, सुनील, अशोक जैसे बंदी तथा मोना जी, गुप्ता जी, रंजीत जैसे जेल कर्मचारी बड़ी कठिनाई से अपने आँसू रोक पा रहे थे। अनेक ने अपना अनुभव सुनाते हुए स्वीकार किया कि मैं तो पहले ही दिन भागने को तैयार था। मुझे इस स्वर्ग में ज़बरदस्ती भेजा गया था। अगर ऐसा न होता, तो मैं तो वंचित ही रह जाता। कई उपासकों ने कहा कि मेरा मुक़द्दर अच्छा है जो इस शिविर में भाग ले सका। नीरज नाम के कैदी ने कहा, 'दुआएँ ही दे सकता हूँ, देता ही रहूँगा। एक नया पौधा बोया गया है। इस अमृत का स्वाद सिर्फ अनुभव से किया जा सकता है। मन निर्मल और आत्मा शांत हो गई है।' मुख्य वार्डन ऋषि ने सब जेल कर्मचारियों को सलाह दी थी कि वे भी विपश्यना शिविर में भाग लें।

उस दिन एक बंदी राजेश पांडे ने कहा, 'मैं शंकर भगवान का पुजारी रहा हूँ। मेरा मन इतना विचलित रहता था कि कोई अच्छी बात भी बताए तो मैं अशांत हो उठता था। पहले मैं हर समय सोचता था–बस छूट कर घरवालों को लाइन में खड़ा करके गोली से उड़ा दूँगा। आज मैं इतना शांत हूँ मैंने स्वीकार कर लिया है कि मैं ही दोषी हूँ।'

अली अहमद, सैयद, रेश्मा, जुलुक, डेविड जैसे विदेशियों या अन्य धर्मों के अनुयायियों को पहले लगा था कि यह विधि कोई नया धर्म है। लेकिन शिविर के समापन तक उनकी समझ में आ गया था कि विपश्यना तो स्वयं की मुक्ति का एक मार्ग है। उन्हें पता चला–'जित देखू दुखी दीखे, सुखी न दीखे कोय' ही सत्य है। उन्होंने बताया कि 'यहाँ तो हमारे मन का ऑपरेशन कर दिया गया है। विकार

निकालने के लिए यहाँ बिताए गए दस दिनों में समझ में आया कि यह तो प्रकृति का स्वभाव है। जैसे-जैसे धाराप्रवाह तरंगें उठेंगी, वैसे-वैसे शरीर में सुखद अनुभूति होगी। विकार स्वयं ही फूट कर बाहर निकल जाएँगे।'

अधीक्षक किशोर स्वयं तनाव से घिरे रहते थे। एक अधिकारी होने के नाते उनकी अपनी विशेष समस्याएँ थीं। इस शिविर के बाद उन्होंने स्वीकार किया, 'अब मेरी प्रतिक्रियाएँ ही बदल गई हैं।'

चमेली को तेरह साल की सजा भोगनी थी, जिसमें से नौ साल पूरे हो चुके थे। तीन बच्चों की माँ चमेली पर अपने ही पति के खून का आरोप था। चमेली ने कहा, 'मैं क्या बोलूँ, क्या न बोलूँ। आशा की किरण तो उस दिन ही आ गई थी, जिस दिन जेल में किरण बेदी आ गई थीं। इस समय मैं खुशी से काँप रही हूँ। इस शिविर में आने के बाद पहली रात सो नहीं पाई थी। मैं तो यहाँ शांति की खोज में आई थी, यह क्या हो रहा है ? बाहर तो हम भटके हुए लोग थे, लेकिन इस शिविर में हम सूरज की तपती रोशनी में पहुँच गए हैं।'

गुरुजी ने चमेली को आश्वासन देते हुए कहा था, ''आज के बाद तुम तपती रहोगी। तुम्हें अपनी लड़ाई खुद लड़नी है। खूब मेहनत करो, खूब भला करो, खूब भला होगा, मंगल होगा, खुश रहो।'

चमेली 1995 के जून महीने में तेरह साल पूरे किए बिना ही छूट गई थी। हमें उसकी सुनाई कहानी पर पूरा यकीन था। सौत और सौतेली बेटी द्वारा दी गई झूठी गवाही ने चमेली का जीवन नरक बना दिया। सजीली सलोनी चमेली गाती बहुत अच्छा है, नाचती भी बहुत सुंदर है। ढोलक बजाने में उसे महारत हासिल है। जब तक तिहाड़ में थी, हमसे संपर्क बनाए रखने के वादे करती थी। लेकिन जिस दिन रिहा हुई, उसने न तो अपना पता अधीक्षक सुश्री मीना को दिया और न ही मुझे फोन किया। एक सच्ची, जीवटवाली चमेली ज़रूर अपने लिए जगह बना लेगी, ऐसा मेरा विश्वास है। यूनान के विद्वान् दिन के समय लैंप लेकर शहर-शहर घूमते थे। कारण पूछे जाने पर बताते, 'हम हजारों में से एक इंसान ढूँढ़ रहे हैं।' मैंने अपने कर्तव्य को भगवान की भक्ति मान कर निभाया। उसका अंश चमेली जैसे लोगों में सरक कर समा गया। चमेली भी यह मान कर तिहाड़ में जिंदा रही कि केवल भगवान को ही प्रसन्न रखना है जो औरों के काम आए, वही व्यक्ति सफल है।

मैं आपको 2 दिसंबर 1993 को संपन्न प्रथम विपश्यना शिविर में वापस ले जाना चाहती हूँ। 35 बंदियों और 24 जेल कर्मचारियों, अधिकारियों ने एक साथ

दस दिन तक राजस्थान गृह विभाग के सेवा निवृत्त सचिव राम सिंह के निर्देशन में दस दिन तक मौन रह कर विपश्यना शिविर में भाग लिया था। एकांत बंदीकरण से अधिक बुरी सज़ा दूसरी नहीं होती है। इस तरह दस दिन तक मौन रह कर गुरु के आदेशों का पालन करना, उपदेश सुनना, आर्य मौन से आर्य शांति को प्राप्त करना, अनुभव करना कितनी जटिल और कठिन प्रक्रिया है। उस दिन बंदियों को सुनकर ही समझ आया। जो नाटकीय घटना इस शिविर में पहले ही दिन घट गई, उसका विवरण राम सिंह जी ने हमें बहुत बाद में उस विपश्यना अंतर्राष्ट्रीय सम्मेलन के दौरान सुनाया, जिसका आयोजन इगतपुरी स्थित विपश्यना अनुसंधान संस्थान ने आई.आई.टी. नई दिल्ली में 15 से 17 अप्रैल 1994 तक किया था। 16 अप्रैल को मैं अन्य वक्ताओं सहित मंच पर थी। राम सिंह जी ने बताया कि तिहाड़ में आयोजित पहले शिविर के पहले ही दिन गुरु सत्यनारायण गोयनका जी का उपदेश वीडियो द्वारा दिखाया, सुनाया गया। शिविर के नियम, अनुशासन विधि समझाई जा रही थी। उन्होंने आगे बताया कि साँझ ढले चार युवा बंदी अहाते में बैठे बीड़ियाँ पीते हुए बतिया रहे थे। मैंने उन्हें टोका और याद दिलवाया कि आप नियम तोड़ रहे हैं। उनका उत्तर था, ये नियम वार्ड के भीतर लागू होते हैं, हम तो बाहर चक्की में बैठे हैं। बहुत समझाने पर वे उग्र हो उठे थे और राम सिंह जी को धमकाते हुए बोले थे—'ज़्यादा ज़ोर डाला तो हम यह टी.वी. सेट तोड़ देंगे। हमें नहीं सुनना यह वीडियो-ईडियो।' इस मुकाम पर पहुँचते ही मैं चौंकी थी। हस्तक्षेप करते हुए मैंने पूछा था, 'आपने हमें तब क्यों नहीं बताया ?'

तब राम सिंह जी ने उत्तर दिया था, 'अगर हमें आपको ही बुला कर स्थिति में सुधार करना था, तो हम वहाँ क्या कर रहे थे ? उस शाम हमने न कुछ आगे कहा न कुछ किया। बहुत सोच-समझ के बाद मैंने अपने सहयोगी प्रो. धर से कहा था कि कल सुबह हम इनसे बात करेंगे। प्रो. धर इस निर्णय के विरुद्ध थे। वे डर रहे थे कि कहीं वे हम पर हमला न कर दें।

'जैसे ही प्रो. धर स्नान करने गए, मैं बाहर चक्की पर गया। चारों लड़के बड़ी उत्तेजित मुद्रा में बैठे बीड़ियाँ पी रहे थे। मैं बिना एक शब्द बोले उनकी आँखों में तब तक झाँकता रहा, जब तक वे उठ कर मेरे पैरों पर गिर कर क्षमा़याचना न करने लगे। मैं कह सकता हूँ कि उनका हृदय परिवर्तन जेल अधिकारियों द्वारा दिए जानेवाले दंड की संभावना से नहीं हुआ था।

'उस दिन हमें यह भी पता चला कि 1995 में राजस्थान जेल में जब गुरु सत्यनारायण गोयनका जी खूँखार कठोर कैदियों के साथ शिविर संचालन के लिए

स्वयं गए थे, तो कैदियों को बेड़ियों में जकड़ कर लाया गया था। उन्होंने जेल के अधिकारियों से कहा था, 'मैं तो इनकी बेड़ियाँ खोलने आया था। आप इनकी बेड़ियाँ खोल दो।' चार कैदियों के साथ दो बंदूकधारी सिपाही भी थे। राम सिंह जी ने बताया मेरी तो कँपकँपी ही छूट गई थी। मुझे यकीन था कि जैसे ही सिपाही उन्हें आज़ाद कर देंगे, वे गुरु जी पर वार कर देंगे।

'लेकिन ऐसा हुआ नहीं। 1975-76 में एक बीज बोया गया था, जो 1990 तक आते-आते गुजरात की साबरमती जेल तक फैल गया। तिहाड़ जेल तक आना मेरे लिए एक पुण्य तीर्थयात्रा सिद्ध हुआ है और यह यात्रा पहली सब यात्राओं से अधिक कठिन सिद्ध हुई है।'

आई.आई.टी. में आयोजित सम्मेलन के दौरान बड़ौदा जेल के अधीक्षक श्री बोरा और 1983 में अपराध के संसार में पदार्पण करनेवाले बड़ौदा जेल से रिहा कुख्यात गुरमैन सिंह ने कहा, 'मेरे विरुद्ध बहुत-से केस थे। मैं डकैत भी रहा हूँ और उग्रवादी भी। दस साल जेल में काटे हैं मैंने और आज जिस हाल में आप मुझे देख रहे हैं, उसका पूरा श्रेय श्रीमान बोरा को जाता है। विपश्यना साधना से पहले जीवन अर्थहीन लगता था। यह उपासना तो एक संजीवनी जड़ी है। मेरी तो सोच ही बदल गई है, क्योंकि अब मैं खुद शांत हूँ तो दूसरों के प्रति मेरा व्यवहार भी मधुर और मैत्रीपूर्ण है। विपश्यना से पहले तो हालात यह थे कि या तो मैं जिंदा रहूँगा या फिर बोरा साहब।'

गुरु सत्यनारायण गोयनका जी ने बताया, तीस वर्ष पहले मेरे गुरुजी ने मेरे लिए भविष्यवाणी की भी कि मैं एक बहुत विशाल विपश्यना शिविर का संचालन करूँगा। तिहाड़ के माध्यम से यह भविष्यवाणी सच हुई।

मैं जब पहली बार गुरु सत्यनारायण गोयनका जी से मिलने गई, तो उन्होंने कहा, 'आओ बेटी !' मैं एकदम भयभीत थी। मैंने उस क्षण उनकी आँखों के माध्यम से अमृत पिया। हमारा संबंध पिता-पुत्री की तरह विकसित हुआ है।

22 मार्च 1994 को अमृता प्रीतम तिहाड़ जेल आई थीं। हम लोग जेल नंबर एक के वार्ड नंबर छह में गए। बंदियों से काफी बातें हुई थीं। हवालाती नूर मुहम्मद को आगरे की गद्दी से पुलिस उठा लाई थी। आरोप था, तुम्हीं ने बाबरी मस्जिद में दंगा करवाया है। वयोवृद्ध नूर मुहम्मद का कहना है, यहाँ तो भगवान भी आ जाए तो यही कहा जाएगा–जेबकतरा आ गया है। मान जाओ तो जेल है, नहीं तो बनी-बनाई रेल है। मैं जनाज़े की कसम खाकर कह सकता हूँ कि जो अँगूठे की छाप नहीं लगा सकते थे, वे आज इंगलिश में खत लिखते हैं।

अमृता प्रीतम ने कैदियों से अनेक प्रश्न पूछे थे, विशेष रूप से लिखने-पढ़ने की उनकी रुचि के बारे में। महिला वार्ड के लिए वे अपनी रचित कुछ पुस्तकें साथ लाई थीं। लेकिन जब हमने उन्हें वहाँ स्थापित पुस्तकालय दिखाया और अनिता डेविड नामक बंदिनी लाइब्रेरियन से मिलवाया, तो वह अवाक् रह गई थीं। दो हजार पुस्तकों को जिस करीने-सलीके से अनिता ने संजो कर रखा था, वह देखते ही बनता है। पुस्तकालय स्थापना की अपनी कहानी है। फिलहाल इतना ही कि अमृता प्रीतम का संपूर्ण रचना संसार इस पुस्तकालय में पहले से मौजूद था। यह सुन-देख कर बहुत प्रसन्न हुईं कि जेल में पसंद किए जानेवाले लेखकों में वह अग्रणी हैं। अमृता ने एक कविता का अंश बंदियों को सुनाया था :

दोस्तो दुआ माँगो कि
कुल्हाड़ियों का मौसम बदल जाए
पेड़ों की उम्र पेड़ों को नसीब हो
टहनियों को आँगन में हरे पत्तों की जवानी की दुआ लगे।

जब अमृता ने बंदियों का ध्यान इस ओर आकर्षित किया कि मेरे देश के लोग हँडिया में दाल नहीं, खौफ राँधते हैं, तो मैंने भी उन्हें याद दिलवाया, 'सब के भीतर अच्छे-बुरे विचार होते हैं। हमारे भीतर इतना कुछ अच्छा भरा है, लेकिन हम इस्तेमाल बुरे का ही करते हैं। हम लोग जब घर में होते हैं, सबसे लड़ते हैं—माँ से, बच्चों से, लेकिन कोई बाहरी आदमी आता है तो खुश होकर बतियाते हैं। कितना अच्छा हो अगर हम हर समय अच्छा व्यवहार करें। जो मैं कह रही हूँ वह बहुत ही साधारण-सी बात है। क्यों न हम अच्छे कर्म की आदत बना लें ! मैं एक नारी हूँ आप क्यों मुझे इतनी इज्जत भरी नजरों से देखते हो ? आप हर नारी को क्यों नहीं आदर भरी नज़रों से देखते हो ? अगर किसी खेत को आप सींचना बंद कर देंगे, तो क्या उगेगा—काँटे-ही-काँटे और खरपतवार। काँटे फैलाने के लिए बीज नहीं डालना पड़ता है, वे खुद-ब-खुद निकल आते हैं। नैतिक शिक्षा पाने की कोई उम्र नहीं होती। कोई सीमा नहीं होती, इसके लिए कोई स्थान-समय का कोई बंधन नहीं होता है।'

उस दिन हमने यह भी तय किया था कि कैदियों द्वारा रचित कविताओं का संपादन अमृता प्रीतम करेंगी। कैदियों के पास लेखन सामग्री की कमी और उनमें से कइयों की निरक्षरता के कारण उनकी कविताओं का संपादन कार्य उतना आसान न था। एक महीने बाद वे कविताएँ सरोज को लौटा दी गई थीं, क्योंकि एक-एक

बंदी को वह व्यक्तिगत रूप से जानती थी वह एक-एक का इतिहास जानती थी। उनकी कविताओं का प्रकाशन संभवतः सरोज के ही माध्यम से नियति को स्वीकृत था।

नरेन्द्र बहादुर सहित अनेक बंदियों का मौन पाँचवें दिन टूटा तो उन्होंने एक मौका और माँगा था। उन्होंने माना कि साँस के माध्यम से अपने आपको अनुभव करने से मन में निर्मल प्रेम उपजता है। सुधार की दिशा में प्रगति और स्वेच्छा से हुए हृदय परिवर्तन को पहला कदम माना गया। बंदी सुखवीर सिंह ने कहा, 'नाम तो भगवान का ही होता है। एक इसी बिंदु को विकसित करूँगा। अगर मन में विद्वेष उपजा भी तो दूसरों पर ज़ाहिर न होने दूँगा। अगर मन में प्रेम उपजा, तो उसे सहज भाव से विकसित करूँगा।'

बिना किसी अपराध के सजा भुगत रहे बंदियों की तिहाड़ में कोई कमी नहीं है। उनका आक्रोश, उनकी पीड़ा समझ में आती है। उनमें से एक ओमप्रकाश ने कहा, 'इस शिविर ने तो मेरी काया ही पलट दी है। मैं पहले सोचता था, जिसने मुझे फँसाया है, उसे मैं बाहर निकलते ही ट्रक से कुचल दूँगा। अब बदले की भावना ही मर गई है।'

अजीत कुमार के अनुसार, 'जिस शांति के पीछे सारी दुनिया भाग रही है वह तो हमारे भीतर छिपी है। हमीं अनभिज्ञ हैं, ठीक वैसे ही जैसे भागता हुआ हिरण नहीं जानता कि कस्तूरी तो उसी के पेट में छिपी है।' नाइजीरिया का एक युवक फ्रांसिस तिहाड़ में गत आठ साल से कैद है। शिविर के सद्भावनापूर्ण शांत वातावरण का उल्लेख करते हुए उसने कहा, 'इसके लिए तो एक लाख अमरीकी डॉलर का दान भी कम है।'

सह-अधीक्षक रंजीत सिंह ने कहा था, 'मैं इस शिविर में आया तो साधना के लिए था, लेकिन मेरा सौभाग्य कि मुझे धर्म सेवक का काम सौंपा गया। यह विधि एक अमूल्य रत्न है, जिसे मैं हर जन से बाँटना चाहता हूँ। मुझे अनुपम दान मिला है, जिसका वर्णन शब्दों से संभव ही नहीं है।'

प्रो. राम सिंह नवंबर 1993 तक अनेक शिविरों का संचालन कर चुके थे। उन्होंने दिसंबर 1993 में कहा, 'यह एक आला शिविर रहा। सब उपासक पास हो गए हैं। मुझे अफसोस है कि वे जेल में हैं।'

उस दिन समापन समारोह था। भगवान ने हमें सेवा करने का मौका दिया है। प्रो. राम सिंह ने इन्हें ट्रेन में बिठा दिया है। अभी तक ये प्लेटफार्म पर भटक रहे थे। अब रास्ते में बहुत-से प्लेटफार्म आएँगे। ये चाहें तो बीच में उतर सकते

हैं या फिर लक्ष्य तक पहुँच सकते हैं। निर्णय इनका अपना होगा। उनको यहाँ ला कर हमने कोई एहसान नहीं किया है। हमने अपना प्रशासनिक फर्ज निभाया है।'

अपने ही माँ-बाप को दोषी बताते हुए विचित्र सिंह ने कहा, ''उन्होंने ही मुझे गुमराह किया है। अब मुझ पर गुरु की मेहर हो गई है। मैं उनका धन्यवादी हूँ। ये शिविर न्यायाधीशों और पुलिसकर्मियों के लिए भी आयोजित किए जाने चाहिए।'

माँ-बाप द्वारा गुमराह किए गए बंदियों की भी तिहाड़ जेल में कमी नहीं है। सुनील पर लगी दफाओं का तो हाल ही मत पूछिए। उसी के शब्दों में 'राजपुर रोड पुलिस थाने में आठ फुल और नौ हाफ मर्डर किए हैं मैंने।' सुनील ने बताया कि उसका 21 वर्षीय भाई मनोज भी चार नंबर जेल में बंद है। मैं तब धक-सी रह गई थी, जब सरोज ने मुझे निम्नलिखित वार्तालाप सुनाया :

'बेटा, क्यों मार डाले इतने आदमी तुमने ?'

सुनील ने बताया, 'मेरे दादा का खून बीस बरस पहले इसी परिवार के लोगों ने किया था।'

'बीस साल पहले हुआ था एक खून, आज तुम्हारी उम्र कुल बीस साल है। तुम्हें क्या मिला इस खून-खराबे से ? जो रंजिश तुमने देखी ही नहीं, उसका बदला तुमने क्यों लिया ? तेरह साल बाद छूटकर आखिर करोगे क्या ?'

'मुझे यह मिला है।'

'यह तो तुम्हारे पिताजी तुम्हें ओढ़ने के लिए वैसे ही दे देते। और फिर पढ़-लिख कर पुलिस में भर्ती हो जाते तो यह कंबल तो सरकार तुम्हें वर्दी के साथ देती ही।'

यह क्या था ? वह था हरे रंग का शालनुमा कंबल, जो सुनील के पिता उसे जेल में दे गए थे। जिनकी सर्विस पिस्तौल से सुनील ने इतने सारे लोग मार डाले या जख्मी कर दिए थे। सुनील ने बताया–मेरे पिताजी ने हमें हमेशा यही सिखाया है कि गीता में भी लिखा है कि 'दुश्मनों को मारना पाप नहीं है।' तीसरे सवाल का जवाब था, 'छूटने के बाद मैं उस परिवार के शेष सदस्यों का खून करूँगा। अब तक क्राइम की दुनिया ही मेरी दुनिया है।'

'बेटे, एक बात बताओ, जिन लोगों को तुमने मार डाला क्या, वे सब तुम्हारे दादा के खून के लिए दोषी थे ?'

'सिर्फ दो सही मारे हैं, शेष तो सब निर्दोष थे। मुझे मारे गए लोगों में से सिर्फ एक लड़की की मौत का दुःख है। लेकिन अब क्या पछताना ! जो करना था कर दिया।'

सुनील ,का इंतजार बहुत लंबा खिंचेगा, यह सोच कर जितने हम विचलित

थे, उतना वह न था। कत्ल करके हत्यारा तो तिहाड़ में बंद हो गया। एक भीड़ के रेले में वह गुम हो चुका था। आखिर किस भरोसे वह अपने दिन बिताएगा ? उसके लिए तो हर खिला गुलाब मुरझा चुका है। इसके लिए वक्त अब ऐसे झरेगा, जैसे मौलसिरी के फूल झरते हैं। उम्मीद अगर वह करेगा भी तो किस चीज की ?

एक दिन सरोज ने मुझे बताया, कुल 25 दिन बाद वह उसके घुटनों पर सिर रख कर रोने लगा था, ''क्यों भाई, कहाँ गए तुम्हारे विस्फोटक इरादे ?' सुनील ने उस दिन जो कहा वह मैं समझती हूँ कि सभी गुमराह किए गए या फँसाए गए हवालातियों के संदर्भ में एक मार्मिक दस्तावेज है। सुनील ने कहा था, 'मौम, मेरी बी.ए. की पढ़ाई पूरी करवा दो, ताकि जब मैं छूट जाऊँ तो कम-से-कम मेरे हाथ में एक डिग्री तो हो, जिसके सहारे मैं एक नया जीवन शुरू कर सकूँ।'

उसी वक्त यह अनुरोध लिखित रूप से मुझ तक पहुँचा दिया गया था, ताकि उचित कार्यवाही की जा सके। सुनील की स्नातक स्तर की पढ़ाई तो शुरू हो गई, लेकिन सबसे अधिक खुशी मुझे उस दिन हुई, जब अप्रैल 94 में आयोजित विपश्यना शिविर में बैठे उपासकों में मैंने सुनील को देखा था। समापन समारोह के बाद बाहर जाते समय सभी उपासक मेरे पाँव छू रहे थे। मैंने कहा, 'आप मेरे पाँव मत छुएँ, हम आपके छुएँगे।' लेकिन कौन मानता इस आग्रह या आदेश को ? सुनील की धीर-गंभीर आँखें, उनमें छाया अवसाद, उनमें छिपी शांति देखकर मैं समझ गई थी कि अब यह गुमराह युवक अपराधी नहीं रहा। यह छूट कर जरूर एक साफ-सुथरी जिंदगी जिएगा—उसका बाप उसे लाख अनुचित उपदेश देता रहे, इस परिवर्तन का संपूर्ण श्रेय विपश्यना को ही तो जाता है।

तिहाड़ में किए गए सुधारों का गहरा संबंध विपश्यना से है। यह पूछे जाने पर कि इन सुधारों को कार्य रूप देते समय रास्ते में किस तरह की कठिनाइयाँ आईं तो मेरा तो इतना ही कहना था, 'कठिनाइयाँ तो कोई भी नहीं आईं। काम करना था, कर दिया। एक आपसी विश्वास विकसित हो गया था। शायद इसी कारण मुझे किसी प्रकार के सुरक्षा संबंधी खतरों का सामना नहीं करना पड़ा था। इस कुटीर के निर्माण के लिए भी हमें सरकार से धन नहीं माँगना पड़ा था। अपने ही जेल कोष और उपलब्ध मानव संसाधनों से हमने काम चला लिया। मैंने नियति शब्द का उपयोग करना बंद कर दिया है। हर कैदी को विपश्यना सीखनी है, इस अनिवार्यता में विश्वास के फलस्वरूप ही तिहाड़ में अनगिनत शिविर लगाए गए। तिहाड़ को प्रशिक्षित जेल कर्मचारियों की और उपलब्ध सामुदायिक सहयोगियों कर्मियों की एक संस्थागत रूप देने की ज़रूरत थी। यह काम पूरा नहीं हो पाया, इसका गम है।'

इस शिविर के दौरान एक बंदी की रिहाई का आदेश भी आ गया था जिसका पालन करने से उसने इंकार कर दिया था। बहुत-से कैदी रिहा होनेवाले थे, लेकिन उन्होंने अपना जीवन स्वयंसेवकों के रूप में तिहाड़ के नाम कर दिया।

हर कठोर निर्णय के दो पहलू होते हैं। अगर आपके काम सिद्धांतों पर आधारित हैं तो विवाद उठ ही सकता है, लेकिन विवाद उठा, एक झंझावात की तरह उठा और बहुत कुछ नष्ट कर गया। मैंने तो सिर्फ इतना ही किया कि इंसानों के साथ इंसानों जैसा बर्ताव किया। तिहाड़ में तो ऐसी-ऐसी कब्रें हैं, जिनका कोई नाम ही नहीं है। एक व्यापक मौन फैला है, आँसू बहाने का कोई अर्थ ही नहीं है, आहें भरना बेकार है।

तिहाड़ में मैंने बहुत मित्र बनाए हैं। मेरी इच्छा है कि मुझे निर्वाण प्राप्त हो, लेकिन यह तो मुझे स्वयं ही करना है, अच्छे कामों के माध्यम से।

नशा मुक्ति कार्यक्रम

पुलिस द्वारा किए जानेवाले कामों के क्षेत्र में अपराध के रोकथाम को न सिर्फ पर्याप्त प्राथमिकता दी जाती, बल्कि उसे कम महत्त्व भी दिया जाता है। मादक द्रव्यों के क्षेत्र में सुराग़रसानी और ज़बती को भरपूर प्राथमिकता दी जाती है और वह सुर्खियों में आकर मुख्य समाचार भी बन जाती है। अपचार, अपराध, चूक और शांति भंग की रोकथाम पर कोई ध्यान नहीं देता है। इन्हीं गतिविधियों के फलस्वरूप हिंसक अपराध की संभावनाएँ बढ़ जाती हैं। पुलिस के लिए इसलिए जरूरी हो जाता है कि पुलिस के कार्यक्षेत्र में लोगों को हिस्सेदार बनाया जाए। एक बार यह लक्ष्य प्राप्त हो जाए, तो पूरी व्यवस्था पारदर्शक और जिम्मेवार बन जाती है। जो संसाधन पुलिस या सरकार अकेले ही उपलब्ध नहीं करवा सकती, वह समुदाय से मिलने लगते हैं। इस भागीदारी का एक अद्‌भुत और अभिनव उदाहरण है सुधार, नशामुक्ति और पुनर्वास के लिए स्थापित नवज्योति दिल्ली पुलिस फाउंडेशन।

यह कार्यक्रम 1986 में एक प्रयोग के रूप में शुरू किया गया था। उस समय दिल्ली के छह पुलिस क्षेत्रों में से एक उत्तरी क्षेत्र में मेरी नियुक्ति प्रमुख अधिकारी के रूप में हुई थी। मेरी जिम्मेदारियों में अपराध की रोकथाम, सुराग़रसानी, कानून और व्यवस्था पर नियंत्रण और कर्मचारीगण का प्रबंध शामिल था। उत्तरी क्षेत्र में उस समय लगभग 2,000 पुरुष और 8 महिला अधिकारी नियुक्त थे। मैं उन 8 महिला अधिकारियों में से एक थी। अंतर सिर्फ इतना-सा था कि मैं उस क्षेत्र की डिप्टी कमिशनर थी और पुरुष प्रधान पुलिस दल का नेतृत्व कर रही थी। 116 वर्ग मीलवाले इस क्षेत्र में लगभग 16 लाख आबादी थी। उत्तरी क्षेत्र 19 पुलिस थानों में विभाजित था और हर थाने का प्रधान एक पुलिस इंस्पेक्टर होता था।

उत्तरी दिल्ली में अपराध का दृश्य तो एक सीमा तक नियंत्रित था, लेकिन हिरोइन, जिसे चालू जुबान में स्मैक और चरस कहते हैं, की माँग और आपूर्ति पर किसी प्रकार का नियंत्रण न था। दिल्ली में स्मैक की लत के फलस्वरूप समुदाय का सामाजिक खर्चा बढ़ गया था। दिल्ली इस प्रकोप के लिए कतई तैयार न थी। इस व्यसन की समझ न तो पुलिस को थी और न ही व्यसनियों के माता-पिता को। स्थिति को कैसे सँभालना है, इसकी जानकारी भी किसी को न थी। स्मैक की माँग को पूरी करनेवाले मुट्ठी भर लोभी पुरुषों, औरतों और बच्चों के अलावा शेष सबका नुक़सान हो रहा था। नियमित रूप से स्मैक बेचनेवालों में से अनेक लोग खुद इस व्यसन के शिकार हो गए थे। कानून लागू करनेवालों में से अनेक एजेंसियाँ ऐसी थीं, जो खुद ही परजीवी बन गई थीं। उन्हें बराबर अपने हिस्से की रिश्वत मिल जाती थी। संपत्ति से संबद्ध अपराधों में वृद्धि का कारण था स्मैक के व्यसन की चोरी-चपाटी में शक्तिशाली रिश्तेदारी। 1986 में उत्तरी दिल्ली के पुलिस रिकॉर्ड बताते हैं कि संपत्ति से संबद्ध अपराध के लिए हिरासत में लिए हर दो कैदियों में से एक स्मैक का व्यसनी था। ऐसे अपराधों के साथ-साथ व्यापक स्तर पर पारिवारिक हिंसा के मामले भी सामने आते थे। इस हिंसा की प्रमुख शिकार होती थीं माताएँ, पत्नियाँ और बहनें। ये सब प्रतिकार करने की स्थिति में न होने के कारण ऐसी हिंसा की शिकार आसानी से हो जातीं। पारिवारिक हिंसा के अलावा इन औरतों के गहने या अन्य मूल्यवान चीज़ें चुराई जाने लगीं। अपने व्यसन के फलस्वरूप ही ये लोग घर का कीमती सामान बेच देते। विश्वविद्यालय की एक ऐसी छात्रा का मामला पुलिस के सामने आया, जो नशीले पदार्थों की दैनिक खुराक खरीदने के लिए अपनी देह का व्यापार करती थी।

उत्तरी क्षेत्र में कुछ ऐसे स्थान थे, जहाँ स्मैक की माँग और आपूर्ति खुलेआम होती और बहुत बड़ी संख्या में लोग इस व्यसन के नतीजे भुगत रहे थे। निम्नलिखित कारणों से पुलिस काफी हद तक अक्षम थी :

1. महिला विक्रेता को हिरासत में लेने के लिए महिला पुलिस अधिकारी का पुरुष पुलिस कर्मी के साथ जाना ज़रूरी था, लेकिन वह उपलब्ध न था।

2. आरोपी अगर कैद भी कर लिया जाता तो आनन-फानन में वह जमानत पर बाहर आकर फिर से अपने धंधे को चालू कर देता।

3. पूरी स्थिति एक महामारी का रूप ले चुकी थी। भारी दबाव के कारण मादक पदार्थों के विक्रेता एक इलाका छोड़ दूसरी जगह जाने लगे और उत्तरी क्षेत्र की सीमा के बाहर धंधा चालू रखने लगे। इस तरह वह सख्ती से की जा रही निगरानी

से बच जाते।

4. कानूनी दबाव भ्रष्टाचार से ग्रस्त हो गया और कुछ पुलिस अधिकारियों के लिए यह कमाई का एक तरीका बन गया।

5. माता-पिता और व्यसनियों से प्रभावित अन्य लोग मजबूरी की भावना से ग्रस्त होने लगे।

6. व्यसनी की मदद कैसे की जाए, इसकी जानकारी किसी को न थी।

7. अगर पुलिस ने किसी व्यसनी को किसी अपराध के कारण अपनी हिरासत में ले भी लिया, तो कचहरी में पेश किए जाने तक का समय पुलिस के लिए संकटमय बन जाता। अगर वह व्यक्ति नशा न कर पाने के फलस्वरूप मर जाता, तो न्यायिक समस्याएँ उत्पन्न हो जातीं।

इस पृष्ठभूमि में एक ऐसा रवैया अपनाया गया, जो अभिनव और विचक्षण था। समस्या के हल के लिए समुदाय को साझीदार बनाया गया। मैंने इसे विचक्षण इसीलिए कहा, क्योंकि सप्लाई के रास्ते बंद करने के लिए बहुत प्रभावशाली ढंग से निरीक्षक दल तैनात किए गए। निगरानी रखनेवाले पड़ोसी तैनात अधिकारियों से नियमित और लगातार संपर्क बनाए रखते, घटनाओं और सुराग़रसानी पर निगाह रखनेवाले यह लोग अपनी जिम्मेदारी समझते थे। कानून से पंगा लेनेवालों की संख्या कम न थी, लेकिन इस निगरानी के फलस्वरूप सप्लाई कम हुई। नियंत्रण कक्ष से संपर्क स्थापित करने के लिए जनता को टेलीफोन लाइनें उपलब्ध करवाई गईं। इस व्यवस्था का प्रचार भी किया गया। इस कदम के फलस्वरूप नशीले पदार्थों की उपलब्धता नियंत्रित हो गई।

इस काम के लिए पुलिस न तो प्रशिक्षित थी और न ही व्यसनियों के प्रबंधन के लिए उनके पास कोई सहायक ढाँचा था। जिन व्यसनियों को इलाज के लिए अस्पताल भेजा जाता, वे आम तौर पर भगोड़े सिद्ध होते। इस तरह सब प्रभावित लोग निःसहाय-से हो जाते। 15,000 घरोंवाली एक झुग्गी-झोंपड़ी बस्ती में न सिर्फ आबादी सघन थी, बल्कि वहाँ के गरीब, बेरोजगार, कम कमानेवाले लगभग निरक्षर लोग मादक पदार्थों के व्यसनी थे। एक-एक परिवार में बड़ी संख्या में पल रहे बच्चे पढ़ने भी न जाते थे। गैरकानूनी बस्ती होने के फलस्वरूप वहाँ किसी भी प्रकार की स्वास्थ्य सेवा या कोई नागरिक सेवा उपलब्ध न थी। इस तरह का वातावरण मादक पदार्थों के सेवन, उनकी बिक्री और अनेक प्रकार के अपराधों को जन्म देता है। अनेक पुरुषों, औरतों और बच्चों के लिए मादक पदार्थ बेचना दिन भर के लिए पैसा कमाने का एक आसान माध्यम बन गया था। लेकिन इन पदार्थों को बेचते-बेचते

वह इनका सेवन भी करने लगे थे और स्वयं नशेबाज़ बन गए थे। बच्चे और औरतें इस काम के लिए अधिक इस्तेमाल होने लगे, क्योंकि अगर इन्हें हिरासत में लिया जाता, तो आम जनता ही पुलिस के विरुद्ध आवाज उठाने लगती। उत्तरी क्षेत्र में इस तरह की बस्तियों सहित पुलिस ने इस बस्ती में भी अपनी कार्यवाही रोक दी थी।

इसके बाद उत्तरी जिला की पुलिस ने एक नीतिगत फ़ैसला किया। रणनीति और नजरिए में परिवर्तन लाया गया। लक्ष्य था समुदाय की भागीदारी से माँग को कम करना। प्रभावित बस्तियों में बैठकों के आयोजन किए गए। सहयोग देने के लिए रजामंद लोगों को प्रभावशाली ढंग से कानूनी दबाव के बारे में जानकारी दी गई और पुनर्वास के लिए मिल-जुल कर काम करनेवालों के इच्छुक लोगों के सामने प्रस्ताव रखे गए। दोनों ही नीतियों को आरंभ करने के लिए एक तारीख की घोषणा की गई थी। गश्त और तलाशी करने के लिए महिला पुलिस अधिकारियों को नियुक्त किया गया था। उन्हें स्पष्ट किया गया कि मादक पदार्थों का व्यापार करनेवाली औरतों को हिरासत में लेने से वह झिझकें नहीं। कुछ को हिरासत में लिया गया, तो संदेश काफी हद तक साफ-साफ लोगों को समझ में आ गया था। इसके बाद वहाँ के निवासियों ने विकल्पों की माँग की। इस मुकाम पर पहुँच कर औरतों की ही माँग पर लोक हितैषियों की मदद से उनके लिए कमाई के साधन जुटाने के लिए प्रशिक्षण केंद्र खोले गए। नशीली दवाएँ बेचनेवाले कई लोग अपने घर, कारागार या फिर अलगाव के डर से अपना घर छोड़ कर भाग गए थे। ऐसे ही मकानों में केंद्र खोले गए। बच्चों और किशोरों के लिए औपचारिक और अनौपचारिक साक्षरता कार्यक्रम शुरू करने के लिए एक पाठशाला खोली गई। इलाके के नशेबाजों को जब आसानी से 'खुराक' मिलनी बंद हो गई, तो उन्हें डॉक्टरी मदद की जरूरत महसूस हुई। इस जरूरत को पूरा करने के लिए उत्तरी जिले के पुलिस दल ने एक दूसरे क्षेत्र में एक पुलिस स्टेशन के परिसर में एक ऐसा केंद्र खोलने का निर्णय लिया, जहाँ लोगों को नशा मुक्त होने में मदद की जा सके। नागरिक संगठनों और पड़ोसियों ने बढ़-चढ़ कर अपनी-अपनी सेवाएँ उपलब्ध करवाईं। इन स्वयंसेवियों में चिकित्सक, समाज सेवक, सलाहकार और योग प्रशिक्षक तो शामिल थे ही थे, दवाई बेचनेवाले दुकानदारों ने हमें निःशुल्क दवाएँ उपलब्ध करवाईं। मरीज़ों को खाना उनके परिवारजन ही पहुँचाते थे। इस तरह 1987 में किसी भी पुलिस थाने में पहली बार निःशुल्क नशा मुक्ति केंद्र की स्थापना हो पाई। यहाँ किसी भी ऐसे व्यक्ति को चार सप्ताह तक रहना ज़रूरी था, जो नशा मुक्त होने को तैयार था या फिर तैयार किया गया था।

इस उपचार केंद्र का नाम रखा गया नवज्योति अर्थात नई आशा। इस केंद्र का उद्घाटन स्थानीय नेताओं, जाने-माने नागरिकों, पुलिस अधिकारियों, नशेबाजों के परिवारजनों और बस्ती के निवासियों की मौजूदगी में दिल्ली के पुलिस कमिशनर ने किया था।

पुलिस-स्थानीय समुदाय के बीच एक अनोखा संबंध उसी दिन स्थापित हुआ था। उस दिन से पहले ऐसा कभी नहीं हुआ था कि किसी भारतीय पुलिस विभाग ने सुधारात्मक सामाजिक भूमिका का उत्तरदायित्व सँभाला हो। इस कार्यक्रम में शामिल होने के लिए नशेबाज़ खुद-ब-खुद या फिर अपने परिवारजनों के साथ बड़ी संख्या में आए थे। वह अपना इलाज करवाने के इच्छुक थे। युवा नशेबाज अपने व्यसन से छुटकारा पाने के लिए मानसिक रूप से तैयार थे। वह अपनी लत से छुटकारा चाहते थे। इन नशेबाज़ों की मदद के लिए पुलिस स्टेशन की सुरक्षा, चिकित्सकों की मौजूदगी, स्वयंसेवी संस्थाओं के योगदान से नवज्योति कार्यक्रम को एक संगठित स्वरूप मिल गया। परिवारजन ने हमें संपूर्ण सहयोग दिया। उन्हें आशा की एक ऐसी किरण नजर आ रही थी, जिसके माध्यम से उनके परिवार के एक बंदे के लिए यह किरण बहुत ही स्पष्ट रूप से उजागर होकर उनके सामने खड़ी थी।

उत्तरी जिला पुलिस ने एक ही केंद्र खोल कर चैन की साँस नहीं ली। ऐसे और पाँच केंद्र अगले छह महीनों में खोले गए। ये सभी केंद्र उत्तरी जिले में खोले गए थे। वहाँ इनकी जरूरत भी थी। मादक पदार्थों के संकट से निबटने के लिए नागरिकों ने अपना समय, सेवाएँ और अनेक प्रकार की सामग्री दे कर मुझे तो अभिभूत कर दिया।

शारीरिक और मानसिक संतुलन बनाए रखने के लिए 1987 के अंत तक डॉक्टरों की मदद से वापसी लक्षणों को सँभालने-निपटाने के बाद योग का सहारा लिया गया। प्रशिक्षित सलाहकारों ने परिवारजनों को नशेबाज़ी की समस्या से अवगत करवाया। इन्हीं सलाहकारों ने यह भी सुनिश्चित किया कि एक-एक मरीज़ की व्यक्तिगत समस्या को सुलझाया जाए और उनके परिवार के सदस्यों को नशेबाजी के व्यसन से संबद्ध बारीकियाँ समझाई जाएँ। इलाज के बाद घर लौट गए नशेबाज़ों के लिए गश्ती दस्ते उनके घर जाते। पड़ोस के स्वयंसेवियों को इन गश्ती दौरों में शामिल किया गया। अगर इलाज के बाद भी कोई व्यक्ति फिर से नशा करने लगता है, तो यह स्वयंसेवी उन्हें पुनः दाखिल करवाने में मदद करते हैं। अगर नवज्योति ऐसा नहीं करती, तो यह लोग दुबारा नशीली दवाओं, अपराध, कारावास और जमानत पर हुई रिहाई के दुर्दम्य चक्रव्यूह में आसानी से फँस सकते हैं। इस तरह अपराध-व्यसन

का एक नया सिलसिला शुरू हो जाता है।

सभी छह नवज्योति केंद्रों को व्यावसायिक रूप से प्रशिक्षित लोगों और स्वयंसेवियों द्वारा चलाया जा रहा है। नवज्योति कार्यक्रम को अनेक गैरसरकारी संगठनों का सहयोग हमेशा मिला है। मानव संसाधनों और माली मदद के अलावा यह संगठन योग प्रशिक्षण और सलाहकार सेवाएँ भी उपलब्ध करवाता है।

वह समय भी जल्दी ही आ गया, जब नवज्योति कार्यक्रम का मूल्यांकन करना जरूरी हो गया। उत्तरी क्षेत्र के पुलिस अधिकारियों की एक बैठक बुलाई गई, ताकि उनकी मदद ली जा सके। सर्वसम्मति से यह स्वीकार किया गया कि इन केंद्रों में जारी काम के फलस्वरूप नशीली दवाओं के व्यापार की रोकथाम में मदद मिली है तथा इस चुनौती का सामना करने में पुलिस और समुदाय ने बड़ी मदद की है। नवज्योति को दीर्घकाल तक बनाए रखने के लिए इसे संस्थागत रूप देना ज़रूरी था। उत्तरी क्षेत्र के लोगों को भविष्य के लिए संयुक्त रूप से फैसला लेने के लिए वहाँ के निवासियों को एक खुली बैठक में बुलाया गया। इस बैठक में संगठनों और मदद करने के इच्छुक नागरिकों को भी आमंत्रित किया गया। भाग लेनेवाले सभी लोगों ने अपनी सहमति बतलाते हुए इस बात की पुष्टि की कि नवज्योति कार्यक्रम के फलस्वरूप एक निराशाजनक स्थिति पर एक सीमा तक नियंत्रण पा लिया गया है। नशीली दवाओं की बिक्री और खरीद पर लागू की गई रोकथाम के फलस्वरूप संपत्ति से संबद्ध अपराधों में कमी आई। ऐसे अपराध आमतौर पर व्यसनी करते थे। संस्थागत रूप देने के लिए फैसला किया गया कि इसे पंजीकृत करवा दिया जाए। मौके पर ही वित्तीय सहायता देने के वादे किए गए। इसी बैठक के दौरान लोगों ने दान-स्वरूप धन दिया।

5 जनवरी 1988 को सुधार नशा-मुक्ति और पुनर्वास के लिए नवज्योति दिल्ली पुलिस संस्थान का पंजीकरण किया गया। दिल्ली के कमिश्नर को पदेन अध्यक्ष और मुझे महासचिव नियुक्त किया गया। जो पुलिस अधिकारी छह पुलिस स्टेशनों में केंद्रों के संचालन में मदद कर रहे थे, उन्हें संस्थापक सदस्य बनाया गया। सब प्रकार के दान, नगद या जिस किसी रूप में दी गई मदद का ब्यौरा बनाने पर पता चला कि नवज्योति आत्म-निर्भर हो गई है। चिकित्सकों, योग प्रशिक्षकों, मनोचिकित्सकों, सलाहकारों, चौबीसों घंटे देखभाल के लिए निरीक्षकों और व्यसनियों के घर जानेवाले मुलाकातियों को विभिन्न दायित्वों के लिए नियुक्त किया गया। प्रशासनिक और लेखा-जोखा कार्यों के लिए भी स्टाफ नियुक्त किया गया।

ऐसा नहीं कि इस काम को एक स्वरूप देने के लिए मुश्किलों का सामना

नहीं करना पड़ा। केंद्रीय और राज्य सरकार के समाज कल्याण विभागों ने सबसे अधिक विरोध किया। उनका मत था कि इस समस्या को सुलझाने की ज़िम्मेदारी पुलिस की नहीं है। मैं कह सकती हूँ कि वह मानते थे, अगर हम यह काम नहीं कर सकते तो किसी और को भी यह अधिकार नहीं है। बिना किसी वैकल्पिक प्रस्ताव के उन्होंने पुलिस द्वारा की गई पहल की आलोचना की। लोकमत हमारे साथ था और उत्तरी क्षेत्र की पुलिस ने अपना काम जारी रखा।

क्योंकि यह काम स्वयंसेवी कर रहे थे इसीलिए उनका उत्साह बनाए रखना ज़रूरी था। ऐसे भी मौके आए, जब हमारे पैसे ही खत्म हो गए। यह काम सबसे कठिन था, लेकिन सभी पुलिस अधिकारी मानते थे कि उन्हें यह काम नशे की समस्या की रोकथाम और समुदाय की ख़ातिर करना ज़रूरी है।

पहले पाँच साल नवज्योति संस्थान समुदाय द्वारा एकत्रित धन से अपना काम चलाता रहा। इसके बाद समाज कल्याण मंत्रालय ने एक छोटा-सा अनुदान दिया। इस तरह अंततः नवज्योति केंद्रों को मान्यता मिल गई। आज दस साल बाद नवज्योति के पास अपना बीज कोष है।

बिना कोई शुल्क लिए नवज्योति ने 9,000 व्यसनियों को नशामुक्त किया है। नवज्योति की नीति बहुत व्यापक है। इसमें माँग की कमी करवाना और हानि से बचाना शामिल है।

माँग घटाने के लिए शैक्षिक, सांस्कृतिक और सामाजिक विकल्पों का उपयोग किया जाता है। हानि से बचाने के लिए नशेबाजों के लिए उपचार, पुनर्वास और समाज कल्याण जैसे कार्यक्रम चलाए जाते हैं। इसका मुख्य लक्ष्य है समाज को नशा संबंधी समस्याओं से बचाना। एक अच्छी जीवन शैली के लिए बिना नशा किए या साइको-एक्टिव दवाओं के सहारे जिया जीवन एक ऐसे नशा-मुक्त वातावरण का निर्माण करता है, जिसमें एक सकारात्मक आधारशिला रखी जा सकती है।

नवज्योति कार्यक्रम मनोवैज्ञानिक-सामाजिक सिद्धांत का पालन करता है। इसमें अन्य विशेषज्ञों के अलावा होम्योपैथिक डॉक्टरों की भी मदद ली जाती है। नवज्योति कार्यक्रम में रासायनिकों या फिर किसी भी एवज़ी तत्त्व का इस्तेमाल नहीं किया जाता। व्यसनी को जब विषाक्तता से मुक्त करवाया जा रहा होता है, तब वह चिड़चिड़ा-सा होकर वास्तविक स्थिति से कतराता है। मानसिक स्तर पर वह अपने को बचाने का प्रयास करता है। यह उसके लिए बहुत बड़ा संकट होता है। इनमें से अनेक न तो ज़िंदा रहना चाहते हैं और न ही उनमें जूझने की हिम्मत होती है। वह खुद को ही नीची नजर से देखने लगते हैं। ऐसे में नशेबाजों को सलाहकार से

बहुत मदद मिलती है। इस स्थिति से उबरने के लिए ध्यान, खुद को तनाव-मुक्त करना, आश्वासन और प्रेरणात्मक उपचार का उपयोग किया जाता है। विष से मुक्त हो चुके मरीज नए मरीजों के साथ बैठ कर आपस में बातचीत करते हैं, अपने अनुभव बाँटते हैं।

नवज्योति में ज्ञानात्मक तरीकों को महत्त्व दिया जाता है। कार्यशालाओं, संभाषणों और सामूहिक विचार विनिमय का आयोजन किया जाता है। इन बैठकों में मरीज़ों को सामाजिक कौशलों और स्वाग्राही व्यवहार से अवगत करवाया जाता है। इन्हें सेक्स के बारे में भी जानकारी दी जाती है।

एक मरीज़ के साथ एक सलाहकार अलग से इन विषयों पर बातचीत करता है :

1. फैसले कैसे किए जाएँ।
2. जीवन को सकारात्मक ढंग से समझना और सामाजिक संबंधों का विकास।
3. परिवार जन से पुनः संबंध स्थापित करना और नशा न करनेवाले पुराने मित्रों से मिलना।
4. अपनी छूटी पढ़ाई या नौकरी को पुनः जारी करना।
5. वास्तविकता का सामना करते हुए पलायन से बचना।
6. पुनः नशाबाज़ बनने से बचने के लिए ऐसी संबद्ध बातें याद करना या फिर ऐसी स्थितियों से बचना।

इलाज के दौरान मरीज उदासी और ग्लानि महसूस करते हैं या फिर अपने नज़दीकी लोगों द्वारा मामूली-सी सीधी-सादी टिप्पणी का भी बुरा मान जाते हैं। ऐसे पलों में नशाबाज़ों को मदद की आवश्यकता होती है।

नवज्योति संस्थान ने पारिवारिक सेवा भी शुरू की, जिसके तहत परिवार जन को अपनी मदद करनी सिखाई जाती है। इस सेवा का लक्ष्य है नशा मुक्त हो चुके व्यक्ति को दोबारा समाज में पुनः स्थापित करना। इस सेवा के लिए 180 दिनों का अनुरक्षण कार्यक्रम चलाया जाता है। इसके तहत न सिर्फ डॉक्टरी मदद उपलब्ध रहती है, बल्कि पारिवारिक सुख-दुःख बाँटने के लिए वातावरण बेहतर बनाने और अकेलापन दूर करने के लिए सभाओं का आयोजन किया जाता है।

मैं पुनर्वास को अंतिम लक्ष्य नहीं मानती। नवज्योति कार्यक्रम नशेबाज़ों के प्रति दृष्टिकोण को सैद्धांतिक स्तर पर महत्त्वपूर्ण मानता है। मेरे विचार में नशे पर निर्भरता इंसान के लिए एक अनुभव होता है, न कि किसी विशेष मादक पदार्थ का कोई गुण। मैं रोग विज्ञान के स्थान पर व्यक्तिगत शक्ति को मद्देनजर रख कर

ही इस प्रोग्राम को चलाना पसंद करती हूँ। आखिरकार लोगों का व्यवहार तो उपलब्ध संसाधनों पर ही निर्भर करता है और अंततः मैं मानती हूँ कि समुदाय एक रुकावट या अड़चन नहीं, बल्कि एक संसाधन है।

नवज्योति द्वारा किया जा रहा काम बेहद दूभर और चुनौतियों भरा है। नशेबाज़ों का इलाज और उनकी पुनः स्थापना की प्रक्रिया की पूरी अंतः शक्ति का लाभ उठाने के लिए नई-नई संभावनाओं पर ध्यान केंद्रित किया जाना चाहिए।

आयुर्वेद भारत की ताकत है, लेकिन बहुत अफसोस से मैं क़ह रही हूँ कि हम इस ताकत को खो रहे हैं। यह सच है कि एलोपैथी पद्धति के तहत रोगी की जाँच-परख परीक्षणों के माध्यम से की जा सकती है और आयुर्वेद में कोई वैज्ञानिक परिणाम नहीं निकाला जा सकता है। लेकिन आयुर्वेदिक दवाओं के सेवन से रोगी के मन में एक आस्था, एक तसल्ली बनी रहती है। इस पद्धति का सहारा वही लोग लेते हैं, जिनमें धीरज होता है। मेरी मान्यता है कि दाँतों के रोगों का बेहतर इलाज इस पद्धति में है। विदेशों में, विशेष रूप से अमेरिका जैसे विकसित देश में, हमारी जड़ी-बूटियों में बहुत रुचि ली जा रही है। वह समझ गए हैं कि यह एक निरापद पद्धति है। लेकिन अपने यहाँ के लोग इसके प्रति उतने उत्साहित नहीं हैं। इन दवाओं की पैकिंग और प्रचार-प्रसार पर कोई ध्यान नहीं दिया जाता। इसके विकास के लिए विशेष प्रयास करने ज़रूरी हैं।

नवज्योति नशामुक्ति केंद्र में हम होम्योपैथी के सहारे नशेबाज़ों का इलाज करते हैं। केंद्र में तो नशामुक्त हो रहे लोगों को 40 दिन रखा जाता है, लेकिन पूरा इलाज एक साल तक चलता है। मुक्त हो चुके पुरुषों का जन्म दिन केंद्र तब मनाता है, जब किसी ने एक साल, दो, तीन साल या फिर चार साल तक नशा न किया हो। यह भी एक अनोखा संसार है। कितने लोग सुधर कर नवज्योति से जुड़ गए हैं। उन्हें सबके सामने यह स्वीकारने में कोई हिचक नहीं कि मैं नशेबाज था। जन्म दिन पर वह मंच पर आ कर अपना पहले और अब का हाल सुनाते हैं। गत वर्ष नवज्योति केंद्र में एक और घटना घटी। वहाँ 22 फरवरी 1996 को एक 'कैपेबल ग्रुप' का उदय हुआ। इस ग्रुप का गठन नशा करनेवाले वर्ग के उन पारिवारिक सदस्यों को मद्देनजर रख कर किया गया जो नवज्योति सभाओं में भाग ले कर स्वयं अपनी सहायता कर पाने में समर्थ हो गए हैं। इन सब समर्थ व्यक्तियों ने न केवल खुद को स्थापित किया, अपितु अपनी छिपी शक्तियों को एक सूत्र में बाँध कर अन्य व्यक्तियों की सहायतार्थ कुछ लक्ष्य, क्रियाकलाप और कार्य रेखाएँ भी निर्धारित कीं, जिनमें सब सक्रिय रूप से कार्यरत हैं।

नवज्योति कैपेबल ग्रुप न सिर्फ पारिवारिक सुख-दुःख बाँटता है, वह इलाज किए जा रहे व्यक्ति के परिवार को तीन महीने में एक बार पिकनिक या बाहरी वातावरण में घुमाने ले जाता है। समस्या की तह तक पहुँचने के लिए, संबंधों में दृढ़ता लाने के लिए या फिर अकेलापन दूर करने के लिए 'कैपेबल ग्रुप' ने स्वयं ही कुछ लक्ष्य तय कर रखे हैं, जिन्हें बड़ी निष्ठापूर्वक संपन्न किया जाता है। डाकू रत्नाकर ही ऋषि वाल्मीकि था और बाद में उसने रामायण लिखी। जीवन कितना कीमती है, यह तभी समझ में आता है, जब हम किसी की जान बचा लेते हैं।

बेशक नशामुक्ति केंद्र सिर्फ पुरुषों के लिए है, लेकिन कच्ची बस्ती के बच्चों और महिलाओं के लिए भी शिक्षा, स्वास्थ्य, मनोरंजन, कुटीर उद्योग और व्यावसायिक प्रशिक्षण जैसे कार्यक्रम चलाए जाते हैं। जमुना पुश्ता में 700 बच्चों के लिए प्राथमिक स्कूल में निःशुल्क शिक्षा की व्यवस्था है। बच्चों की वर्दी, किताबें, कापियाँ आदि भी नवज्योति ही देती है। प्रौढ़ शिक्षा, कानूनी शिक्षा और धन कमाने के अनेक कार्यक्रम महिलाओं के लिए आयोजित किए जाते हैं। हाल ही में दिल्ली कलाकर्म संस्था और इकबाल मलिक के सहयोग से रिसाइकल किए गए कागज़ से किशोर लड़कियाँ हाथ से बने इस कागज़ से अनेक चीज़ें बनाना सीख रही हैं, जिन्हें बेच कर उन्हें धन लाभ होगा। दिल्ली के जन सेवा केंद्र ने अपनी सोलन स्थित फैक्टरी में दो करघे हमें निर्मित कर के दिए हैं। इन पर हम महिलाओं को बुनाई सिखाकर आर्थिक रूप से सक्षम बनाएँगे। यह कार्यक्रम जहाँगीर पुरी केंद्र में जारी है। 10 जनवरी 1997 को जहाँगीर पुरी केंद्र में ऐसे बच्चों के लिए क्रेच खोला गया, जिसमें उन बच्चों की देखभाल की जा रही है, जिनके माँ या बाप या फिर दोनों ही जेल में हैं। इन हालात में बच्चों पर क्या गुज़रती है, उसे ही सँभालने के लिए मैंने अपराधग्रस्त बच्चों के लिए केंद्र स्थापित किया है। कपड़ों, किताबों खिलौनों के अलावा एक स्थानीय अभिभावक यह सुनिश्चित करता है कि बच्चों को खाना मिलता रहे और उनकी पढ़ाई में रुकावट न आए। वह इन बच्चों के घर भी जाते हैं, ताकि नाते-रिश्तेदारों पर भी निगाह रखी जा सके। ऐसे भी मामले होते हैं, यहाँ ये बच्चे बेघर हो जाते हैं। उस हालत में उनके लिए बोर्डिंग स्कूल में इंतजाम किया जाता है।

मैगसेसे पुरस्कार के बाद मेरे हाथ सक्षम हुए तो मैंने कैदियों के कल्याण के लिए तिहाड़ जेल में एक बेकरी का निर्माण करवाया था। इससे अर्जित सारा धन बंदियों के कल्याण पर व्यय किए जाने की व्यवस्था है। दूसरे, तिहाड़ में मैंने कृषि मंत्रालय के सहयोग से एक पौधशाला, पोलीग्रीन हाउस और प्रशिक्षण केंद्र की स्थापना की। ये चिरकालिक स्थायी योजनाएँ हैं, जिनसे बंदी सदा लाभान्वित होते रहेंगे।

'इंडिया विजन' का ध्येय है प्रतिकारक न्याय से पुनर्निर्माणक न्याय की ओर जाना। जब अपराधग्रस्त लोगों को हम सँभालने-समझने लगेंगे, तब पुनर्निर्माणक न्याय हमें प्राप्त हो जायेगा। हमारा अंतिम लक्ष्य है अगले शिकार को बचाना।

ग्रामीण क्षेत्र में भी इंडिया विजन फाउंडेशन ने काम शुरू किया है। हरियाणा स्थित भोंड़सी गाँव में पंचायत घर में ही महिलाओं को आर्थिक रूप से सक्षम बनाने के लिए साक्षरता अभियान, नशामुक्ति कार्यक्रम और व्यावसायिक प्रशिक्षण शुरू किया गया है। यहाँ खेलों को प्रोत्साहित करने के लिए भी अनेक कार्यक्रम बनाए गए हैं।

जब मैं पुलिस सेवा के लिए आवेदन पत्र भर रही थी, तो अपने धर्म की जानकारी देते हुए मैंने लिखा था—'मानवता'। मैं तब बीस बरस की थी और मुझे यह मालूम न था कि मैं हिंदू हूँ या सिख। परीक्षा के दौरान मुझसे पूछा गया क्या आप आबू बेन आदम हैं ?

मेरी अनेक बातें दुनिया की निगाह में अनोखी हैं। मेरे विवाहित जीवन को ही ले कर तरह-तरह की बातें कही जाती हैं। 24 वर्ष हो गए हमारी शादी को। यह तो हम दोनों ही जानते हैं कि हम एक-दूसरे के हैं। हमारी प्रेम कहानी टेनिस कोर्ट में शुरू हुई थी जो अभी भी जारी है। शादी के पहले पाँच महीने हम एक साथ रहे थे बस। उसके बाद वही हुआ जो हमने सोचा-विचारा था। मैं पुलिस में अचानक बिना किसी प्रयोजन के नहीं आई थी। मुझे इस काम से अपार लगाव और प्रेम है। बावजूद इसके कि उस वक्त पुलिस में मैं अकेली महिला थी, मैंने कभी अकेलापन महसूस नहीं किया। मैं हर गतिविधि के मध्य में रही, हाशिए पर कभी नहीं। मेरे पिता और हम चारों बहनें और अब अनु का बेटा आदित्य, मेरी बेटी, पति बृज सब टेनिस खेलते हैं। मैं एक व्यक्ति के रूप में विकसित हुई हूँ—एक लड़की या लड़के के रूप में नहीं। लोग काफी परेशान रहते हैं, क्योंकि मैं पुलिस अधिकारी होते हुए भी समाज सेवा में जुटी हूँ। मुझे तब बहुत हैरानी होती है, जब मैं देखती हूँ कि बावजूद अपार क्षमताओं, संभावनाओं-अवसरों के कितनी कम औरतें उच्चतम शिखर तक पहुँच पाती हैं। महिलाओं के लिए आरक्षण का समर्थन मैं इसलिए करती हूँ, क्योंकि बरसों से निरुद्ध कुचली-दबी औरत को पुरुष कभी अपने गढ़ में घुसने न देंगे। तभी तो सरकार को ही देना होगा आरक्षण। हमारी संस्कृति पर पश्चिम द्वारा किए जा रहे आक्रमण का विरोध औरतों को ही करना होगा। उन्हें ही चारों तरफ फैली अश्लीलता को रोकना होगा।

अभी 24 मई को ही नवज्योति केंद्र में नशामुक्त हुए चार युवकों का जन्म

दिन मनाया गया, तो आत्मस्वीकारण पैरोडी गायन (अफसाना लिख रही हूँ : खाना बना रही हूँ तेरे भाई जान का) इत्यादि के बाद जो विशेष जानकारी सबको दी गई, वह सबको भीतर तक छू गई। यू. एन. डी. सी. पी. ने उन लोगों के परिवारों को प्रशिक्षण देने की घोषणा की, जिनके परिवार जन का कोई व्यक्ति नशा मुक्त होने की प्रक्रिया से गुजर रहा हो। यह प्रशिक्षण एक साल तक दिया जाएगा। इसके लिए जापान के स्कूली बच्चों ने अभूतपूर्व योगदान दिया है। उन्होंने एक दिन दोपहर का भोजन न खाकर तीस लाख पचास हजार रुपए नवज्योति को इस प्रशिक्षण कार्य के लिए दिए हैं। इस तरह योगदान जब-जब चाहा, तब-तब मिला है। सबसे अधिक सहयोग हमें महिलाओं और बच्चों से मिलता है—और वही हैं हमारे वास्तविक कल्याणकारी अफसर और कवच।

पुलिस सुधार की जरूरत

जब मैं पुलिस सेवा से जुड़ी, तब मैंने यह ज़रूर तय किया था कि समाज में होने वाले अपराध को रोकने या कम करने के लिए मैं कुछ-न-कुछ करूँगी जरूर। मैंने तभी फैसला कर लिया था कि मैं जो भी करूँगी आम आदमी के साथ जुड़कर करूँगी।

आज मैं दावे से कह सकती हूँ कि एक पुलिसकर्मी के रूप में मैं एक राजनेता से अधिक प्रभावशाली काम कर सकती हूँ। राजनेता पुलिस को काम ही कहाँ करने देते हैं ? वह नागरिकों की सेवा-सुरक्षा करना चाहते हुए भी उच्च पदों पर बैठे लोगों के भ्रष्ट आचरण के कारण कुछ भी नहीं कर पाते हैं। ऐसा नहीं कि पुलिस दल में भ्रष्टाचार नहीं है, लेकिन यह भी उतना ही निंदनीय है, जितना कि हाल में उद्घाटित राजनेताओं का भ्रष्टाचार। खेल के मैदान और पुलिस कर्म में एक अटूट सार्थक संबंध है। खेल के मैदान में खिलाड़ी ख़तरे उठाता है, निर्णय लेता है, न्यायसंगत आचरण करता है। इसी मैदान में उसे इन गुणों को ग्रहण करने का अवसर-प्रशिक्षण मिलता है। खेल के मैदान में आपको किसी के अनुमोदन, किसी की स्वीकृति की ज़रूरत नहीं होती है आख़िर कौन कह सकता है कि पुलिस कर्म के दौरान यह सब गुण अनिवार्य नहीं हैं। कौन नहीं जानता कि पुलिस कर्म के दौरान तात्कालिक फैसले लेने होते हैं, उस निर्णय के क्षण में आप अपने वरिष्ठ अधिकारी से सलाह माँगने नहीं जाते हैं। आप किसी की ओर मंजूरी या स्वीकृति के लिए नहीं मुड़ते। आखिर पुलिस का काम क्या है ? सुधार और परिवर्तन कर पाने की शक्ति।

हमारा दुर्भाग्य है कि हमारे पुलिस दल को एक न्यायसंगत दल, व्यावसायिक और ईमानदार दल के रूप में विकसित नहीं किया गया है। अगर ऐसा हो गया होता (या फिर किया जा सके), तो हमारे देश के लोगों को बेहतर न्याय मिल पाता

या मिल पाएगा। मैंने हमेशा कठोर निर्णय लिए हैं। संभवतः मेरा हमेशा विवादों में घिरे रहने का यही कारण है। अगर आप निष्क्रिय बन कर बैठे रहते हैं, तो विवाद का प्रश्न ही नहीं उठेगा।

हमारे देश के प्रशासन को सत्य और न्याय निष्ठा में विश्वास रखनेवाले लोग चाहिए। इसके अलावा उनका सक्षम, पेशेवर, व्यवसायी, कर्मी होना भी ज़रूरी है। इन गुणों का संघटन बेहद ज़रूरी है। सत्यनिष्ठा अपने आप में कुछ भी मायने नहीं रखती है। सत्यनिष्ठा के मायने तभी सार्थक हो सकते हैं जब आप समस्याओं के हल ढूँढ़ लेते हैं। विकास की हर संभावना सामूहिक भागीदारी पर निर्भर है।

पुलिस के बारे में आम जनता की राय यह है कि पुलिस अधिकांश मौकों पर भ्रष्ट लेकिन कभी-कभी कुशल भी होती है। इसमें शक नहीं है कि पुलिस पर बहुत दबाव रहते हैं और कर्मियों की संख्या आम तौर पर अपर्याप्त रहती है।

आम जनता की यह भी मान्यता है कि जब कोई मामला पुलिस को निपटाना होता है तो अमीरों-गरीबों के साथ एक समान बरताव नहीं किया जाता। पुलिस कर्मियों को काम उचित ज़िम्मेदारी से नहीं सौंपा जाता है। ठोस काम के बजाए जन संपर्क पर अधिक ध्यान केंद्रित किया जाता है।

आनेवाले समय में पुलिस के समुदायीकरण के अलावा दल का पृथक्करण करना बहुत ज़रूरी है। पुलिस के लिए प्रतिघातक होने से ज़्यादा ज़रूरी है वह प्रतिक्रियाशील बने। यह समुदाय का कर्तव्य है कि वह भी पुलिस के काम में भागीदार बने। हर छह महीने बाद ऐसी गतिविधियों का लेखा-जोखा होना चाहिए। इस प्रकार की भर्तियों या सहयोग के लिए जाने-माने विद्वानों, लेखकों और कवियों का योगदान आमंत्रित किया जाना चाहिए।

मैं मानती हूँ कि पुलिस के उच्चस्तरीय कर्मियों को अलग रखते हुए एक विवेकपूर्ण मानव संसाधन नीति बनाई जानी चाहिए।

सिर्फ ब्लू लाइन बसों को ही लें। माना कि ये बसें एक सार्वजनिक ज़रूरत को पूरा करती हैं। लेकिन ज़रा सोचिए यह ज़रूरत किस कीमत पर पूरी की जाती है। इस दुर्भाग्यपूर्ण स्थिति के लिए व्यवस्था, राजनीतिक कार्यकर्ता, यातायात विभाग चालक और आम आदमी जिम्मेदार हैं। एक सामूहिक ज़िम्मेदारी के फलस्वरूप सामूहिक विफलता का सामना हम कर रहे हैं। इस स्थिति को नियंत्रित करने के लिए पुलिस एक अहम भूमिका अदा कर सकती है। सच क्या है ? सब जानते हैं।

कुछ वर्ष पहले तक लोग मानते थे कि समाज में व्याप्त विसंगतियों के पीछे काम करनेवाले लोगों की जानकारी जब एक आम आदमी तक को होती है, तो

पुलिस का महकमा क्यों उस दिशा में कुछ नहीं कर पाता ? अब स्थिति में बदलाव आया है। बुरे कामों के पीछे छिपे व्यक्तियों का पर्दाफाश हो चुका है। अगर अफसोस है तो इस बात का कि उनके स्थान पर नये लोग नहीं आ पा रहे हैं। इसमें राजनीति एक गुप्त माध्यम के रूप में काम कर रही है। हवाला घोटाले को ही ले लीजिए। लगभग हर राजनीतिक दल का कोई-न-कोई व्यक्ति कहीं-न-कहीं इस कांड से जुड़ा हुआ है। और इसलिए मंशा यही है कि चोर अपनी जगह बना रहे, उन्हें हटाया न जाए। मुश्किल यही है कि आज अवाम के सामने गलत काम करनेवालों के स्थान पर अच्छे पूरक व्यक्ति नहीं हैं। आज पैसा सबसे बड़ी ताक़त बन गयी है। गुंडे, बदमाश इस रुपये की दौड़ का अहम हिस्सा हैं। आज अगर इतना भर तय हो जाए कि बिना पैसे के चुनाव लड़े जाएँगे, तो शायद अच्छे लोगों का एक बड़ा तबका सामने आ जाए। भला आदमी आज सड़क पर हो रही विसंगति का साक्षी तो है, किंतु उसके पास न ताकत है और न ही पैसा। इसलिए वह समझता है कि फुटपाथ पर मौन खड़े रहना ही बेहतर है, क्योंकि प्रशासन में नैतिकता नहीं है। नैतिकता और प्रशासन में तयशुदा समीकरण नहीं है। क्या कारण है कि आज पुलिस में अच्छी पारिवारिक पृष्ठभूमि से शिक्षित युवक-युवती भरती नहीं हो रहे हैं ? मेरी निगाह में इसका मुख्य कारण यह है कि आज रक्षक का इस्तेमाल राष्ट्र के लिए नहीं, बल्कि राजनीति के लिए किया जा रहा है। मानवता के रक्षक, भक्षक बन गए हैं, इसके लिए विभाग भी ज़िम्मेदार है और आम आदमी भी। स्थिति इतनी विस्फोटक है कि अगर वक़्त रहते काम न किया गया, तो परिणाम और बदतर होंगे।

आम जीवन के हर क्षेत्र में हो रहे अवमूल्यन का कारण है स्वार्थ। औरतों के कष्टों का मुख्य कारण है अनभिज्ञता। माना कि पुलिस की एक अपनी अलग उप-संस्कृति है, लेकिन औरतों को पुलिस में रिपोर्ट संगठित रूप से दर्ज करवानी चाहिए। मामले का हालचाल जानने के लिए भी किसी संगठन की मदद लेनी चाहिए। कभी भी किसी गलत काम या जुल्म को सहन नहीं करना चाहिए। सिर्फ पुलिस विभाग ही ऐसा एक विभाग है, जहाँ विकास और सुधार की व्यापक संभावनाएँ मौजूद हैं। यही वह जगह है, जहाँ कर्मचारियों को विशेष अधिकार प्रदान किए जाते हैं, जिनके सहारे हम लोगों की शिकायतें-दिक्कतें दूर कर सकते हैं। हालाँकि प्रशिक्षण के दौरान मैं अपने पुरुष सहकर्मियों के साथ उन्हीं की तरह हर कार्यक्रम में भाग लेती, उसी शयनशाला में रहती थी, जिसमें वे रहते थे। फिर भी शुरू-शुरू में कुछ एक ने मुझे स्वीकार नहीं किया—भले ही मैं 6-0, 6-0 से उन्हें टेनिस कोर्ट में हरा देती थी। लेकिन गौतम कौल, वेद मरवाह और पी. आर. राजगोपाल जैसे वरिष्ठ

अधिकारियों ने तो मुझे फील्ड में काम करने तक का मौका दिया।

मेरे तहत कार्यरत कर्मियों से मेरे संबंध हमेशा विशिष्ट रहे हैं। इसका एक ही कारण है। मैंने उन्हें हमेशा व्यावहारिक और आसान आदेश दिए। मैंने उन्हें कभी ऐसा काम करने के लिए नहीं कहा, जो मैं खुद न कर सकूँ। कर्मियों को चुस्त-दुरुस्त रखने के लिए मैंने दिए गए आदेशों पर पैनी नज़र हमेशा रखी है।

अगर आप अपने देश की सेवा करना चाहते हैं, तो भारतीय पुलिस सेवा में भर्ती हो जाइए। हमें पुलिस सेवा में बड़ी संख्या में युवक-युवतियों की ज़रूरत है। यह युवा वर्ग ऐसे परिवारों से होना चाहिए, जिन्हें स्वयं न्याय, ईमानदारी और उच्च सिद्धांतों में विश्वास और आस्था हो। अगर आप अपने देश के विकास के प्रति समर्पण की भावना रखते हैं, तो भारतीय पुलिस सेवा एक आदर्श है। समाज को अपना योगदान देने के लिए आपको यहाँ उचित और उत्तम मौके मिलेंगे।

बेशक आज पुलिस एक चोट खाया हुआ घोड़ा है। आप कैसे उम्मीद करते हैं कि वह भागे। लेकिन पुलिस ही एक ऐसा इकलौता विभाग है, जहाँ आप स्थिति में सुधार करने की शक्ति रखते हैं। मेरे पास अगर कोई व्यक्तिगत समस्या लेकर आता है, तो मुझे यह कभी नहीं कहना पड़ता–"क्षमा करना, मैं आपकी मदद नहीं कर सकती।"

पुलिस को लेकर मेरी धारणाएँ बड़ी स्पष्ट हैं। पहले तो पुलिस कमिश्नर का चयन सत्ताधारी सरकार द्वारा नहीं होना चाहिए। इस पद के लिए नियुक्ति गृह मंत्री, हाईकोर्ट के एक जज और एक समाजशास्त्री की अध्यक्षता में चार साल के लिए होना चाहिए। इस समिति को इतना अधिकार होना चाहिए कि अगर नियुक्त व्यक्ति का कार्य निष्पादन स्वीकार्य नहीं तो चार साल से पहले उसे पदमुक्त कर सके। अगर कमिश्नर को अपना काम और पद प्यारा होगा, तो वह जरूर अपनी बुद्धि का उपयोग करेगा। अगर पुलिस के ही प्रमुख अधिकारी को अपना समय अपने राजनेताओं को प्रसन्न रखने में व्यय करना पड़ेगा, तो वह अपने तहत नियुक्त पुलिस कर्मियों का नेतृत्व क्या करेगा ? अगर धर्म पिता को भी धर्म पिता की ज़रूरत महसूस होगी, तो वह धर्म पिता की भूमिका कैसे निभा पाएगा ? इसकी सिफारिश राष्ट्रीय पुलिस आयोग ने की थी। मैं इस सिफारिश की समर्थक हूँ। अपराध की रोकथाम के लिए पुलिस और मीडिया के बीच एक पारदर्शी संबंध बहुत ज़रूरी है।

दिल्ली में अपराध की रोकथाम तभी संभव हो सकती है, जब पूरी आपराधिक न्यायिक पुलिस व्यवस्था में कठोर परिवर्तन किए जाएँ। हमें शुरुआत पुलिस के निम्नतम पद पर नियुक्त कर्मी से करनी होगी। हमें प्रशासनिक रणनीतियाँ बदलनी होंगी और

समुदाय के साथ निकट संबंध स्थापित करने होंगे। अपराध को रोकने के लिए सबसे महत्त्वपूर्ण व्यक्ति है बीट कांस्टेबल। हमारे पुलिस दल में 60,000 पुलिसकर्मी हैं। इनमें से कम-से-कम 3000 का काम सिर्फ अपने इलाके में गश्त लगाना होना चाहिए। यह बात तयशुदा होनी चाहिए कि इनको इस काम से हटा कर कहीं और नहीं भेजा जाएगा—न स्वतंत्रता दिवस के लिए और न ही गणतंत्र दिवस समारोह के लिए। मेरा बस चले तो मैं सिर्फ स्नातकों को ही बीट कांस्टेबल के पदों पर नियुक्त करूँ—कुछ ऐसे युवा स्नातक, जो आदर्शवादी, ईमानदार, निष्ठावान हों और यह शपथ लेने को तैयार हों कि वे अपना काम पूरी न्यायनिष्ठा, पूरी कुशलता से करेंगे। मैं पूरे विश्वास से कह सकती हूँ कि हमें ऐसे तीन हजार युवक खोजने में कोई दिक्कत नहीं होगी। यह भी सच है कि अगर हमें ऐसे युवकों से इतनी उम्मीदें हों, तो हमें भी उनका खयाल रखना होगा। उनका एक दिन का कार्यकाल आठ घंटे का होना चाहिए। आज बेचारा बीट कांस्टेबल अंतहीन घंटों तक काम करता है। इनमें से अनेक अधिक उम्र के भी होते हैं। अगर हमें अपराध की रोकथाम करनी है, तो हमें युवकों पर अपनी नजरें टिकानी होंगी। वही अपने-अपने क्षेत्रों में संपर्क स्थापित कर सकते हैं। यह संपर्क समुदाय के अलावा कॉलेजों, बाजारों, दुकानों से स्थापित करना होगा।

यह सच है कि बीट कांस्टेबल अकेला ही गश्त करेगा, लेकिन वह इसलिए सुरक्षित महसूस करेगा, क्योंकि लोग उसको संरक्षण देने को तैयार रहेंगे। और फिर दिल्ली पुलिस के पास इतने साधन हैं कि वह उसे वाकी-टाकी दे सके, ताकि वक़्त ज़रूरत पर वह पी. सी. आर. जिप्सी को तुंरत बुलवा ले। बीट गश्त का पूरा स्वरूप बदलना जरूरी है। वरिष्ठ अधिकारियों को भी निरीक्षण नीतियों में परिवर्तन लाना होगा। क्षेत्र के थानेदार को हर रोज अपने कर्मियों को उस दिन के लिए स्पष्ट आदेश देने होंगे और शाम को उनसे रिपोर्ट लेनी होगी। इस तरह थानेदार और वरिष्ठ अधिकारी भी जान लेंगे कि उनके क्षेत्र में क्या हुआ। इस तरह के काम के लिए काफी समन्वय की जरूरत है। सब वरिष्ठ पुलिस अधिकारियों को चाहिए कि वह यह सुनिश्चित करें कि डी.सी.पी. सुबह कम-से-कम अपने एक थाने का दौरा रोज़ करें। एक निश्चित समय पर एक अधिकारी कार्यालय में ज़रूर मौजूद हो, ताकि लोग अपनी दिक्कतें उन तक पहुँचा सकें।

मैं मानती हूँ कि सरकार अकेले कुछ नहीं कर सकती। लेकिन सरकार इतनी ईमानदार भी नहीं है कि वह इस सच्चाई को स्वीकार ले। तभी तो वह कभी नागरिकों को मदद के लिए आमंत्रित नहीं करती। मुझसे पूछा जाता है कि वर्तमान ढाँचे के

चलते क्या कोई पुलिसकर्मी राजनेताओं के दबाव को नकार कर 'नहीं' कह सकता है। मेरा उत्तर है, 'हाँ', यह संभव है। अगर पुलिसकर्मी दृढ़तापूर्वक अपना कर्तव्य निभाता है, तो कोई उस पर दबाव नहीं डाल सकता। ज़्यादा-से-ज़्यादा क्या होगा ? उसका तबादला कर दिया जाएगा। पुलिस पर लगाए जानेवाले आरोपों में एक है हिरासत में होनेवाली मौतें। बेशक पुलिस ऐसी मौतों के लिए जवाबदेह है, लेकिन हम-आपको उन तनावों-दबावों को ज़रूर याद रखना चाहिए जिनके तहत पुलिस काम करती है। मैं यह कभी नहीं मान सकती कि मानव अधिकारों के प्रति पुलिसकर्मी वैर भाव रखते हैं। सामुदायिक सेवा को अनिवार्य बनाया जाना चाहिए। आखिर हमें अपने देश को उतना तो वापस देना ही चाहिए, जितने के हम देनदार हैं।

अगर आर्थिक नीतियों को सफल बनाना है, तो पूरा वातावरण सुरक्षित बनाना ज़रूरी है। यह तभी संभव है अगर पुलिस का ढाँचा पूरी तरह से व्यावसायिक बन जाए। भावी उद्योगपतियों और उनके संयंत्रों को अगर सुरक्षित वातावरण नहीं मिलता और कानून व्यवस्था का संरक्षण उन्हें प्राप्त नहीं होता, तो अर्थव्यवस्था कैसे सफलतापूर्वक पनप सकती है ? माना कि पुलिस की छवि धूमिल है, लेकिन व्यवस्था को लेकर वह स्वयं कितनी 'असुरक्षित' है ? पुलिसकर्मी कितने तनाव में काम करते हैं ! मुख्य चिंता यही रहती है कि अपने पद और कुर्सी की रक्षा कैसे की जाए।

मेरी निगाह में पुलिस सेवा एक सकारात्मक रोगहर शक्ति है। इसका उपयोग कभी नकारात्मक शक्ति के प्रतीक में नहीं करना चाहिए। लोग पूछते हैं, अगर मुझे दिल्ली का पुलिस कमिश्नर नियुक्त कर दिया गया, तो मैं क्या करूँगी ? मेरी निगाह में यह एक आनुमानिक प्रश्न है। फिर भी मैं इसका उत्तर देना पसंद करती हूँ। पहले तो लोगों को सिखाऊँगी कि वह खुद को ही 'पुलिस' करें। दूसरे, मैं एक अपराध निवारण रणनीति लागू करूँगी। तीसरे, पुलिस का मैं कुशलता के आधार पर नए सिरे से पुनर्वितरण करूँगी। चौथे, जेलों से छूटे लोगों पर निगरानी रखी जाएगी। जेल तो अंतिम विकल्प होना चाहिए। पाँचवें, मैं सुनिश्चित करूँगी कि जेल में बंद हवालातियों का सुधार शिक्षा के माध्यम से किया जाए। आखिर विश्वास-ही-विश्वास उत्पन्न करता है, चाहे लाभान्वित होनेवाला व्यक्ति अपराधी ही क्यों न हो। एक आरोप मुझ पर यह भी तो है कि मैं कानून अपने हाथ में ले लेती हूँ। आनंद नारायण मुल्ला के शब्दों में तिहाड़ जेल के कार्यकाल के दौरान मैंने एक पुलिस अधिकारी की जगह एक नागरिक की भूमिका निभाई। मेरे एक सहयोगी के अनुसार, 'मैं कभी-कभी सब सीमाएँ लाँघ कर खुद ही कानून बन जाती हूँ।' मेरे समर्थक या

आलोचक कुछ भी कहें, यह तो सब मानेंगे कि उल्टी लहर में तैरना ज़रा मुश्किल काम होता है, लेकिन आप उस जगह तो पहुँच जाते हैं, जहाँ कोई और नहीं पहुँच सकता। पुलिस ऑफिसर के रूप में मेरी 'लड़ाई' तो चयन के पहले क्षण से शुरू हो गई थी लेकिन यह लड़ाई मैंने जीवित रहने के लिए लड़ी है, यह लड़ाई मैंने अपनी दृढ़ धारणाओं के लिए लड़ी है, सच के लिए, मानव अधिकारों के लिए लड़ी है।

व्यवस्था को कैसे बदलें

इसमें दो राय नहीं है कि जेल व्यवस्था पुराने नियमों और तौर-तरीकों में फँसी है और एक सीमा तक परिस्थितियाँ असहनीय हैं। यह मेरा निजी मत ही नहीं है, राष्ट्रीय मानव अधिकार आयोग द्वारा करवाए गए अध्ययन से उपजा एक सोचा-समझा मत है। सुप्रीम कोर्ट और विविध उच्च न्यायालयों द्वारा इस तरह की कटु और तीखी आलोचनाओं और निर्णायक व्यवस्थाओं के फलस्वरूप ही पंजाब ने अपने सौ वर्ष से अधिक पुराने जेल मैनुयल का आधुनिकीकरण कर लिया है। जाहिर है कि यह संशोधन बरसों पहले ही हो जाना चाहिए था। अभी भी जो परिवर्तन किए गए हैं, वह वास्तवकि ज़रूरतों को पूरा नहीं करते हैं। हमारी व्यवस्था इतनी बेहाल है कि इतना-सा भी संशोधन या सुधार बंदियों को इंसान समझने-मानने में सहायक सिद्ध होगा। एक बेहद महत्त्वपूर्ण परिवर्तन, जो इन दिनों किया गया, यह है कि अगर जेल अधीक्षक किसी बंदी को सज़ा देना चाहता है, तो पहले जज की अनुमति लेना ज़रूरी होगा। इसमें क्या दो राय हो सकती है कि जेल में बंद इंसान को आप चाहे सज़ा न भी दें, तो भी जेल में बंद रहना अपने आप में एक यातना, एक यंत्रणा है। यह ठीक है कि विदेशी शासन के दौरान अनेक भारतीय नेताओं को ब्रितानी क्रूरता का सामना करना पड़ा था। हैरानी तो इस बात पर होती है कि ब्रितानी सरकार के प्रस्थान के बाद हमारी व्यवस्था में कोई मूलभूत परिवर्तन करने पर विचार तक नहीं किया है। आज हमारे कारावास उसी व्यवस्था को स्थायित्व देते जा रहे हैं। हमें सोचना पड़ेगा कि जिस तादाद में राजनेता और महत्त्वपूर्ण व्यक्ति जेलों में वक्त काट रहे हैं, बेहतर होगा कि उन्हीं के बहाने हम कारावासों को अधिक वासयोग्य, रहने लायक बना दें।

अगर हमें व्यवस्था में सचमुच सुधार करना है, तो पश्चिम की तरह हमें दंडादेश नीति बनानी होगी। कानून बनानेवालों को एक ऐसी कारावास नीति बनानी चाहिए जिसके तहत लालफीताशाही, अफसरशाही जेलों में मानवीय वातावरण बनाए रखने और सुधार के रास्ते में गतिरोध न बन पाएँ। पश्चिम में दंडादेश नीति के तहत यह तय किया जाता है कि कोई कैदी जेल में समय कैसे काटेगा और रिहाई के बाद क्या करेगा ? बंदी बनाए जाने के तुरंत बाद एक परामर्शदाता उससे मिल कर इन बातों पर विचार-विमर्श करता है। जर्मनी की बी. एम. डब्लू. कंपनी बंदियों को प्रशिक्षण देती है, ताकि छूटने के बाद वे अपनी दक्षता का उपयोग कर सकें। जेल में वक़्त के सदुपयोग के अलावा छूटने पर बंदी को समाज आसानी से स्वीकार लेता है। अगर तिहाड़ जेल में किए गए सुधारों पर ध्यान दिया जाए तो, सबसे महत्त्वपूर्ण बात यह उभरती है कि इन सुधारों के लिए मुझे सरकार से अतिरिक्त धन नहीं माँगना पड़ा। हमारी व्यवस्था को अपना नज़रिया बदलना होगा, सब कुछ गोपनीय रहता है। जेलों का मैजिस्ट्रेट द्वारा निरीक्षण फाइलों में लिपटा रहता है। जेल कर्मचारियों के लिए किसी विशेष प्रशिक्षण की कोई व्यवस्था नहीं है। किसी तरह का अनुसंधान या फिर अध्ययन अपने यहाँ नहीं किया गया है। अपने देश में जेलों से संबद्ध मसलों के हल राज्यों की ज़िम्मेदारी है। इस तरह सुधार प्रक्रिया और भी जटिल हो जाती है। इन सब बातों के बावजूद मैं यह जरूर बताना चाहती हूँ कि हमारी जेलों के मुकाबले पश्चिम की जेलों में H.I.V एड्स का संक्रमण, हिंसा, मादक पदार्थों के सेवन और दुराचार के मामले अधिक संख्या में घटते हैं।

क्या होता है प्रबंध और क्या होती है व्यवस्था ? प्रबंध गुणवत्ता उन्मुख हो सकता है, अगर हम बहुत-से लोग मिल-जुल कर इसे कर्तव्य समझ कर करें। हमारी संस्कृति के आरंभ से ही प्रबंध का स्वरूप विशेष गुणों से युक्त रहा है। पंचायती राज्य के सहारे यह संभव हो पाया था। भविष्य पर नजरें टिका कर आज जरा देखें, सत्ता और शक्ति में साझेदारी रखते हुए आप किस कुशलता से वांछित परिणाम दे सकते हैं। प्रतिस्पर्धा के बिना कोई कुशल कर्मी नहीं बन सकता है, यह प्रतिस्पर्धा ही है जो गुणवत्ता को जन्म देती है।

आज हमें ज़रूरत है जन-उन्मुख सरकार की, ऐसे सरकारी कर्मचारियों की, जो आसानी से उपलब्ध हों, जो लाभ पहुँचाने में मदद करने को तैयार हों। इस तरह आम आदमी पर ध्यान केंद्रित होता है, इससे सूचनाएँ मिलती हैं, पुनर्निवेशन होता है। इस तरह पुलिस अपराध से निबटने के लिए अधिक सक्षम हो जाती है। लोगों से दोस्ती तभी कायम की जा सकती है, जब बिना किसी से कोई समझौता किए

कानून लागू किया जाए। जब तक आम आदमी हमारा चेहरा नहीं पहचानता, तब तक वह हमारे प्रति कभी आश्वस्त नहीं हो सकता है। यह सक्रियतावाद नहीं, बल्कि अनुकूल सक्रियतावाद है।

अनुकूल सक्रियतावाद के तहत आप फाइलों और रिपोर्टों में डूबे रहने के स्थान पर मौके पर पहुँच कर निर्णय लेते देते हैं। मैं प्रतिघातक बनकर काम नहीं करती हूँ। तिहाड़ में मैंने खुली पुलिसिंग की। लेकिन आप गुमनाम रह कर, अदृश्य रह कर, मौन रह कर कैसे और क्या काम कर सकते हैं ? तिहाड़ की उपलब्धियाँ जब अपनी चरम सीमा की ओर सकारात्मक कदम उठा रही थीं, तब व्यवस्था ने अपना रंग दिखाया।

हमारी समूची व्यवस्था बहुत कमज़ोर है। यहाँ सामूहिक स्तर पर काम करने का कोई अवसर नहीं है। न ही कोई साझी रणनीति बनाने का वातावरण है। हर विभाग में संपूर्ण गोपनीयता का राज्य व्याप्त रहता है। हर कोई दूसरे को शक की नजरों से देखता है। हर कोई विपरीत दिशा में चलता है। अगर कुछ साझा है तो वह है एक चिंता—दूसरे को नीचा दिखाकर कैसे आगे बढ़ा जाए।

लेकिन वह यह भूल गए कि मुझे नेहरू फैलोशिप तिहाड़ जेल के कार्यकाल के दौरान ही प्रदान की गई थी।

विडंबना यह है कि इस छात्रवृत्ति का विषय ही तिहाड़ जेल और सुधारों से संबद्ध था। अफ्रीका और लेटिन अमरीकी देशों के अलावा मैंने पूरे विश्व की जेलों के दौरे किए। 1996 में मैं 20 जेलों में गई, अनेक गोष्ठियों को संबोधित किया, राष्ट्रीय और अंतर्राष्ट्रीय सम्मेलनों में भाग लिया। वर्ष भर में छात्रों, औरतों, बच्चों, प्रबंधकों और अनेकानेक लोगों से मिली। 1996 में मैं कहीं भी जाने के लिए स्वतंत्र थी—लेकिन सुर्खियों में बने रहना मेरी नियति है। यह दीगर बात है कि 1996 के दौरान क्या नरसिंहा राव और क्या सुखराम या फिर रुण घोष जैसे भ्रष्टाचार से आरोपित लोग ही समाचार पत्रों में छाए रहे। मेरे लिए 1996 मेरे जीवन का सबसे अधिक सृजनात्मक वर्ष सिद्ध हुआ।

आज हमें ज़रूरत है जन-उन्मुख सरकार की, यह बात मैंने अभी-अभी ऊपर कही है इसे जितनी बार दोहराया जाए, कम है। क्यों नहीं कोई भी व्यवस्था पर प्रश्नचिह्न लगाता है ? मैं एक नागरिक हूँ। मेरे अपने अधिकार हैं। जैसे मैं एक पुलिस अधिकारी के रूप में अपने कर्तव्य से कभी विमुख नहीं होती, ठीक वैसे ही मेरे नागरिक अधिकार कोई नहीं छीन सकता। मौन रहना मेरे लिए मौत समान है।

आखिर व्यवस्था बनाता कौन है ? यह किसके लिए बनाई जाती है ? व्यवस्था को स्वीकृति कौन प्रदान करता है ? लोग। आम आदमी ही यह सब काम करता

है। मान लीजिए मुझे विरासत में जनविरोधी व्यवस्था मिलती है, फिर भी यह व्यवस्था ही है जो विकास को नियंत्रित करती है, उसमें सहायक सिद्ध होती है। जब-जब धँसी-फँसी हुई व्यवस्था से मेरा सामना हुआ है, तब-तब मैंने खेवाई का काम किया है। कोई तो बनेगा परिचालक या फिर कर्णधार। मैं सरकारी सेवा को कर्तव्य के बजाय एक मिशन मानती हूँ। मेरा विश्वास है कि व्यवस्था जन-उन्मुख होनी चाहिए।

पुलिस सेवा में प्रवेश पाने से पहले से ही मैं व्यवस्था पर टेनिस के माध्यम से प्रहार कर रही थी। पुलिस सेवा में मेरी नियुक्ति भी इस प्रहार का एक उदाहरण है। मुझसे कहा गया कि मैं पुरुषों की पलटन में अकेली पड़ जाऊँगी। मैंने दृढ़तापूर्वक उत्तर दिया था, 'क्या हुआ, अगर पुलिस में भर्ती होनेवाली मैं पहली महिला हूँ ?' परिस्थितियाँ चाहे कितनी ही विपरीत क्यों न हों, ज़रूरत सिर्फ हिम्मत करने की होती है। मेरे लिए हर क्षण एक अवसर है। अवसर को पहचान लेने की मुझमें एक विशिष्ट क्षमता है। मैं कभी ऐसा नहीं सोचती कि किसी विभाग या संस्था की अध्यक्ष हूँ। मुझे उच्चतम स्तर पर बैठना या रहना पसंद है, लेकिन एक 'अंतरतम शिखर' पर, जहाँ मैं स्वयं पर पूरा नियंत्रण रख सकूँ। मैं मानती हूँ कि भूतकाल तो इतिहास बन गया, भविष्य एक रहस्य है और वर्तमान एक भेंट, जिसका उपयोग मुझे करना है। मैं वर्तमान में बीज डालना पंसद करती हूँ। समय और कर्म मुझे कहाँ ले जाएँगे, यह वक्त ही बताएगा।

भ्रष्टाचार हमारे जीवन का एक अभिन्न अंग बन गया है। देने और लेनेवाले दोनों भूल जाते हैं कि दिया गया धन उपभोक्ता का है। यह भी भूल जाते हैं कि एक वक्त ऐसा भी था, जब वह स्वयं उपभोक्ता थे। अब आज राज्य सरकार कितने ही ऊँचे स्वर में इंकार करे या फिर मुझ पर चाहे कितने ही अभियोग लगाए, सच तो यह है कि महत्त्वपूर्ण व्यक्ति अव्वल तो गिरफ्तार होकर सीधे किसी अस्पताल में दाखिला ले लेता है या फिर जेल अधिकारियों पर दबाव डाला जाता है कि इन बड़े लोगों को विशेष सुविधाएँ दी जाएँ। यहाँ इन मुद्दों का विवरण देना बेमानी है, लेकिन अगर हम सिर्फ महेंद्र सिंह टिकैत के हुक्के का मामला ले लें, तो व्यवस्था के चेहरे से नकाब उतर जाता है। वह राजनीतिक बंदी बन कर तिहाड़ में आए। मैं डेनमार्क में थी और डी.आई.जी. जयदेव सारंगी को आदेश दिया गया था कि टिकैत को तमाखू-हुक्का दिया जाए। तब तक गृह मंत्रालय के ही आदेश पर पूरी तिहाड़ जेल धूम्रपान-निषिद्ध क्षेत्र घोषित की जा चुकी थी। सांरगी ने मंत्रालय से लिखित आदेश माँगा था। वह न मिलना था न मिला और जब सांरगी ने आदेश का पालन न किया, तो अगले दिन टिकैत को रिहा कर दिया गया था। कोई मुझे बताए कि राजनीतिक

कैदियों के लिए अलग-से नियम किस जेल मैनुअल में लिखे हुए हैं ?

हवाला कांड के जैन बंधुओं की तो बात ही करना बेकार है। जिस तरह से व्यवस्था ने हम पर दबाव डाले, फिर मनोवांछित परिणाम न मिलने पर जिस तरह से व्यवस्था ने कनिष्ठ कर्मियों के माध्यम से 'उनका ध्यान' रखने का प्रयास किया, इससे साबित हो गया कि व्यावसायिक स्तर पर काम करने के स्थान पर ढाँचा कैसे छिद्रिल बन चुका था। ज़ाहिर है कि मुझ तक पहुँचनेवाले संदेश, आदेश मेरे कनिष्ठ अधिकारियों तक कभी नहीं पहुँचे। ज़ाहिर है, मेरे तिहाड़ कार्यकाल के दौरान मेरा ईमानदार व्यवहार या कार्यपद्धति सत्ताधारी व्यवस्था को पंसद नहीं आई। लेकिन हुआ क्या ? अंततः स्वयं व्यवस्था को ही खुद पर ही विराम लगाना पड़ा।

हमने आभार, बाध्यता या फिर किसी विवशता के संबंध को नज़रअंदाज़ कर अपना काम व्यावसायिक स्तर पर किया। यह लोग व्यवस्था को कैसे कमज़ोर और नपुंसक बनाते हैं, यह वही समझ सकते हैं जिन्होंने इस कष्ट को झेला है। और इस व्यवस्था को कमज़ोर बनानेवाले लोग वह हैं, जो निहित स्वार्थ से ग्रस्त हैं।

वह यह कहते नहीं थकते कि मैं अब क्यों यह प्रतिक्रिया व्यक्त कर रही हूँ। क्योंकि यह जानकारी तब के मुकाबले आज अधिक प्रासंगिक है और इसलिए भी क्योंकि आज मीडिया मुझसे यह प्रश्न पूछ रहा है। मैं किसी व्यक्ति पर प्रहार नहीं कर रही, लेकिन उस व्यवस्था को अनावृत करना चाहती हूँ जिसे स्वार्थी-भ्रष्ट लोग नष्ट करके निष्ठाहीन बना रहे हैं।

आजकल अति महत्त्वपूर्ण व्यक्तियों की सुरक्षा ने एक नया आयाम ले लिया है। इस दिशा में विकसित हुई स्थिति आम आदमी के लिए बड़ी कष्टदायक है। आज तक आम आदमी की सुविधा-असुविधा पर किसी ने ध्यान नहीं दिया है। गत वर्षों में असंवेदनशीलता में वृद्धि ही हुई है। राजधानी में एक वक़्त था, जब अति महत्त्वपूर्ण व्यक्तियों के जीवन को ख़तरा था, लेकिन हाल के वर्षों में स्थिति काफी हद तक बदली है। हमें सुरक्षा के इंतज़ाम में भी अनुकूल परिवर्तन करने चाहिए। दिल्ली में लगभग हर एक व्यक्ति अति महत्त्वपूर्ण व्यक्ति है या उसका संबंधी है और इन्हें कोई नाराज़ नहीं करना चाहता।

मुझ पर एक आरोप यह भी है कि 'किरण को स्थिति सुधार का बड़ा शौक है।' उदाहरण तिहाड़ जेल को सुधार गृह में परिवर्तित करने का दिया जाता है। मेरी नई नियुक्ति के तहत तिहाड़ से भी बड़े घालमेल और बखेड़ों की सफाई का काम मुझे करना है। दिल्ली शहर की समस्याएँ अंतहीन हैं। अगर कोई भी काम दिल्ली में करवाना हो, तो कोई-न-कोई तो नाराज़ होगा ही। प्रचार-प्रसार माध्यमों के अनुसार

मुझे इसमें महारत हासिल है और बहुत जल्द दिल्ली में विरोध के स्वर नरक द्वार तोड़ कर बाहर निकलनेवाले हैं। वह स्वीकार कर रहे हैं कि व्यवस्था से जूझना, अच्छे कामों के लिए युद्धरत हो जाना मेरी फितरत है। हम सब जानते हैं कि भ्रष्टाचार सिर्फ राजनीतिक स्तर पर नहीं, बल्कि सबसे नीचे के तबके तक में व्याप्त है, हम सब जानते हैं कि सुस्ती, निष्क्रियता, चापलूसी, चाटुकारिता को जन्म देने के लिए ज़िम्मेदार है वर्तमान सामाजिक-राजनीतिक वातावरण। अतः इस पीढ़ी के लोगों को यह सुनिश्चित करना चाहिए कि उनके बच्चे चरित्रवान व्यक्ति बनें।

मुझसे आज पूछा जा रहा है, 'दिल्ली एक के बाद एक संकट में से गुजर रही है, चारों तरफ सिवाय समस्याओं के और कुछ भी नहीं है। क्या स्थिति में सुधार संभव है ?'

बहुत ही वाजिब प्रश्न है। मैं मानती हूँ कि अभी दिल्ली को स्वयं अपनी संभावनाओं की जानकारी नहीं मिली है। इन संभावनाओं को साकार करने के लिए उचित मानव संसाधन और भौतिक प्रबंध की जरूरत है। अंततः दिल्ली एक प्राधिकृत शहर है। लेकिन संसाधन और प्रबंध तब तक संभव नहीं है, जब तक हर नागरिक कानून का पालन करना नहीं सीख लेता। आप हर मामले में हर वक्त ज़ोर-ज़बरदस्ती नहीं कर सकते। ज़रूरत है स्वेच्छा से की गई हुक्मबरदारी की। यही बात उप-राज्यपाल तेजिंदर खन्ना भी कहते हैं।

एक प्रश्न यह भी है कि दिल्ली में परिवर्तन कैसे लाया जाएगा ? यह परिवर्तन तभी संभव है, अगर यह प्रक्रिया दोतरफा हो। आप कितने लोगों को जेल में बंद करेंगे ? आप कितने चालान करेंगे ? एक तरफ अगर कानून को न्याय-संगत ढंग से लागू किया जाना ज़रूरी है, तो दूसरी ओर कानून का मान-सम्मान-आदर करना भी ज़रूरी है।

यह तो वक्त ही बताएगा कि भारत की राजधानी में क्या परिवर्तन हो पाएँगे। राजनिवास में आशा की एक लहर उभरी है। उपराज्यपाल तेजिंदर खन्ना परिवर्तन के लिए उतावले हैं। यह एक भगीरथी, अति कठिन, भारी-भरकम काम है। फिर भी मुझे आशा है कि सुधार होगा। इसका एक कारण है। दिल्ली की आधी से अधिक जनसंख्या शिक्षित है और अपने कर्तव्यों के प्रति जागरूक भी। लोगों द्वारा कानून का अनुपालन होना तब शुरू होगा जब वे कानून का आदर करने लगेंगे। हमारी योजना इन्हीं दो मुद्दों पर आधारित है।

वर्तमान स्थिति वर्षों के कुप्रबंध का नतीजा है। हमारी सारी-की-सारी समस्याओं का कारण है हमारी वर्तमान जनसंख्या। हमारी हर एक सेवा विकृत और कष्टसाध्य

है, क्योंकि हम अपने प्राकृतिक संसाधनों को बढ़ा नहीं सके हैं।

प्रदूषण की समस्या को ही लें। यही आज की प्राथमिकता है। इसी समस्या के कारण दिल्ली गैस चेंबर में परिवर्तित होती जा रही है। उपराज्यपाल तेजिंदर खन्ना ने नागरिक सुविधाएँ उपलब्ध करवाने और अवैध निर्माण व अतिक्रमणों के खिलाफ सख़्त और तीव्र गति से कार्यवाही करने की एक योजना तैयार की है। योजना की रूपरेखा भी तैयार है। भ्रष्ट अधिकारियों और कर्मियों को चेतावनी दी जा चुकी है कि वह अपनी कार्यप्रणाली में सुधार कर लें अथवा बर्खास्तगी के लिए तैयार रहें। सवाल तो दिल्ली को साफ करने का है। संदर्भ कुछ भी हो, सुर्खियाँ चीखती रहती हैं, **'किरण बेदी ने खड़ा किया एक और विवाद।'** तारीख कोई भी हो—3 मई 1995 या 23 फरवरी 1997, समाचार पत्र मुझ द्वारा उठाए कदमों की तारीफ करें या लाइम लाइट में रहने का एक और हथकंडा कहें, मैं तो सिर्फ इतना ही जानती हूँ कि नियति और आध्यात्मिक शक्ति में मुझे संपूर्ण विश्वास है। जब आपके कार्यक्रम या कार्य सूची गोपनीय न हो, तो ईश्वर मार्ग दर्शन करता है।

राजनीति का अपराधीकरण आज चिंता का विशेष विषय बना हुआ है। मैं मानती हूँ कि इस धरती की सबसे बड़ी निधि है मानव का व्यक्तित्व। जिनके हाथ में सत्ता है, उनका जवाबदेह होना बेहद जरूरी है। 1983 में जब मुझे चोगम रिट्रीट के लिए यातायात व्यवस्था के लिए गोवा भेजा गया था, उस वक्त वहाँ कुल 20 सिपाही थे और वह भी ऐसे कि जिन्हें यातायात प्रबंध को तो छोड़िए, यातायात संबंधी संकेतों तक की जानकारी न थी। इस पर तुर्रा यह कि वह ड्यूटी के दौरान भी फैनी पिए रहते थे। मैंने उद्योगपतियों, समुदाय और आम लोगों की मदद से उस राज्य में यातायात पुलिस पर एक नया अध्याय लिखा था। उन्हीं दिनों सैंट फ्रांसिस जेवियर की मृत देह का प्रदर्शन था। भारत में ईसाई समुदाय के लिए यह एक बहुत महत्त्वपूर्ण अवसर होता है। एक ओर अत्यंत महत्त्वपूर्ण व्यक्तियों की गाड़ियाँ गिरजे के मुख्य द्वार तक जातीं, तो दूसरी ओर आम जनता इन्हीं गाड़ियों से ज़ख्मी तक हो जाती। लेकिन उस साल मैंने आम आदमी की, उसके सुरक्षित अवरोध-रहित मार्ग पर चलने के अधिकार की रक्षा की। क्योंकि अनेक महत्त्वपूर्ण लोगों को अपने वाहन गिरजे से कुछ दूर निर्धारित स्थल पर खड़े कर पैदल ही वहाँ पहुँचना था, इसलिए मुझसे माफीनामे और सफाई पेश करने की माँग की गई थी। अगर मैंने कोई भूल की होती, तो मुझे क्षमायाचना करने में कोई एतराज न होता। यह दीगर बात है कि मेरे इस कार्य निष्पादन के फलस्वरूप सत्ता ने मुझे कभी माफ नहीं किया।

ऐसे राजनीतिज्ञों के रहते जन सहयोग में मेरा अडिग विश्वास है। चोगम

(राष्ट्रमंडल देशों के शासनाध्यक्षों के शिखर सम्मेलन) के कारण अपनी संपूर्ण प्राकृतिक संपदा सहित गोवा संसार के मानचित्र पर अंकित हो गया था। महारानी एलिजाबेथ, इंदिरा गाँधी, मागरेट थैचर और पियेर त्रदू आकर्षण के प्रमुख केंद्र थे। हवाई अड्डे से फोर्ट अगुआदा होटल 40 किलोमीटर दूर था। बाकी सब प्रबंधों के अलावा मुझे सबसे अधिक सहयोग मिला 1200 से अधिक छात्रों से की गई व्यवस्था से। सब संतुष्ट, प्रसन्न थे। अगर कोई नाखुश था, तो स्थानीय राजनीतिज्ञ और सत्ताधारी। बेशक बरसों बाद अक्तूबर 1996 में इंडियन जूनियर चैंबर ने पंजिम में जुलियों रेबेरियों और रामकांत रंगले सहित मुझे भी जेसी क्रीड पुरस्कार प्रदान किया गया। अगर मेरा व्यक्तित्व पुष्ट, शक्तिशाली और साहसी है, तो इसका लाभ तो समाज को ही होता है न। हमें प्रशासन को कानून के अनुसार संचालित करना होगा। जो और जितना समय हमें उपलब्ध है, वह राष्ट्रीय संपदा है हम समय के सिर्फ न्यासी हैं। तेरह बरस पहले जब मैं गोवा में नियुक्त थी, तो मेरे अधीन कुल बीस पुलिसकर्मी थे। काम भी कुछ ज़्यादा न था, लेकिन मैंने विविध शहरों में अचानक निरीक्षण कर छापे मार कर काम उत्पन्न कर लिया। देखनेवालों को लगता मानो हम बीस नहीं, बल्कि दो सौ हैं।

अगर इस देश को तरक्की करनी है, तो पहले हम सबको अनुशासन के हिज्जे सीखने होंगे। जवाबदेही, पारदर्शिता बाद की बात है।

औद्योगिक घरानों की राजनीति को परोक्ष से नियंत्रित नहीं करना चाहिए। अगर यह घराने इसी तरह राजनीतिज्ञों को धन देते रहेंगे, तो सिवाय हवाला कांडों के और कुछ हमें नहीं मिलनेवाले हैं। हमें सामूहिक सत्ता की व्यवस्था पर प्रश्नचिह्न लगाते हुए यह समझ लेना चाहिए कि हमारी परंपरा रही है—काम करो तो निष्ठापूर्वक, कर्मठता से।

भारत के संविधान के अनुसार अपराध मामलों पर लागू होनेवाले कानून बेशक अन्य देशों से अधिक दुखदायी और कठोर हैं, परंतु एक दुखद पहलू है कि क़ानून पर भी छा रहा राजनीतिक प्रदूषण जो भारतीय संविधान तथा अपराध कानून पर बुरा प्रभाव डाल रहा है। कानूनी मामलों में राजनीतिक हस्तक्षेप बंद करवाने के लिए उचित प्रयास किए जाने आवश्यक हैं। पुलिस और जनता का परस्पर संबंध बहुत निकटतम होना अनिवार्य है, तभी पुलिस सुचारु रूप से कार्य कर सकती है। गलत तत्त्व अपने स्वार्थ के लिए लोगों को पुलिस के प्रति गुमराह करते हैं।

इसमें कोई शक नहीं कि भारतीय पुलिस की छवि पिछले समय में काफी धूमिल हुई है, परंतु जनता, सरकार या पुलिस विभाग ने इसमें परिवर्तन लाना तो दूर की बात है, सुधार करने की आवश्यकता के कारण जानने का प्रयास तक नहीं किया। पुलिस और जनता में दूरी बढ़ रही है और सरकारी लोग इसका पूरा लाभ उठा रहे

हैं। भ्रष्टाचार सभी हदों को पार कर चुका है। इसे दूर करने में महिलाओं–खासकर छात्राओं–को महत्त्वपूर्ण भूमिका अदा करनी है। उन्हें अपने अंदर की शक्ति को जगाने की जरूरत है। तभी भ्रष्टाचार का मुकाबला मजबूती के साथ किया जा सकेगा। महिलाएँ पुरुषों के मुकाबले ज़्यादा ईमानदार हैं। वे चाहे किसी भी पद पर बैठी हों, मगर अपने कार्य को पूरी निष्ठा के साथ अंजाम देती हैं।

हवाला कांड से भी महिलाओं की साफ-सुथरी छवि का अंदाजा लगाया जा सकता है। हवाला कांड में जिन पर आरोप लगे हैं, उनमें एक भी महिला शामिल नहीं है। भ्रष्टाचार के दोषी तमाम पुरुष ही हैं।

जो उम्मीदवार भ्रष्ट है अथवा आपराधिक छवि का है, उसे वोट देने की कतई ज़रूरत नहीं है, क्योंकि ऐसे उम्मीदवार को वोट देने का मतलब भ्रष्टाचार को बढ़ावा देना ही होगा। उम्मीदवारों में यदि कोई भी साफ-सुथरी छवि का न हो, तो ईमानदार छवि के उम्मीदवार का इंतजार किया जाए। मगर ध्यान रहे कि वोट देने जरूर जाएँ। मगर विरोध दर्ज करते हुए अपना मत रद्द कर दें। मतपत्र में एक रिक्त स्थान होना चाहिए। ताकि मतदाता अपनी इच्छा प्रकट कर सके कि हमें कोई भी उम्मीदवार पसंद नहीं। इस बात से मैं ही नहीं, शायद पूरे भारतवासी सहमत होंगे। वैसे मैं नगण्य और तुच्छ किस्म की राजनीति के हक में नहीं हूँ। मैं राजनीति में स्वयं प्रवेश नहीं चाहती हूँ, क्योंकि वह दुनिया स्वार्थ से ग्रस्त है और इसका समुदाय से कोई नाता-रिश्ता नहीं है। मैं पुलिस अधिकारी के रूप में अधिक हितकर काम कर सकती हूँ। यह सवाल जरूर है कि राजनीतिज्ञ पुलिस को काम करने ही कहाँ देते हैं ! उनका यह हस्तक्षेप नागरिक सुरक्षा के लिए बहुत खतरनाक सिद्ध होता है। उच्च स्तर पर जारी भ्रष्टाचार का दुष्प्रभाव पुलिस दल पर भी पड़ा है। राष्ट्रीय पुलिस आयोग की सिफारिशों में कहा गया है कि पुलिस दल को राजनीति से मुक्त रखा जाए। अगर आज कोई वरिष्ठ पुलिस अधिकारी भ्रष्ट है, तो वह किसी घोटाले में फँसे राजनीतिज्ञ से बेहतर नहीं है।

तिहाड़ से मेरा तबादला पूरी तरह से राजनीति से प्रभावित था, लेकिन नौकरी के साथ यह सिलसिला तो चलता ही रहता है। यह तो प्रकृति का नियम है। तबदीली काम की हो, वक्त की या फिर जिंदगी की, इसे तो मानना ही चाहिए। इसमें कोई शक नहीं कि तिहाड़ में किए गए सुधारों के परिणामस्वरूप एक लॉबी ऐसी थी जो मुझसे नाराज़ हो गई। मैंने राजनीतिज्ञों की सिफारिशें नहीं मानीं, पूँजीपतियों को मुँह नहीं लगाया। इन्हीं लोगों की शतरंज से सारी राजनीति खेली जाती है।

तिहाड़ जेल में 'खास किस्म' के कैदी भी हैं। उन्हें चंद लोगों ने अपने स्वार्थों की पूर्ति के लिए प्रयोग किया। पहला अपराध उन्होंने किया, दूसरा उनसे करवाया

गया और तीसरे के लिए वह मजबूर हो गए। यही मजबूरी उन्हें खूँखार अपराधी की शक्ल दे गई, जिसे हमारे समाज का एक भोला-भाला वर्ग स्वीकार नहीं करता। मैंने इन्हें एक ऐसे वर्ग से जोड़ना चाहा, जो मन में कोई हीनता की भावना न रखे। मैं अपने प्रयास में पूरी तरह सफल हो रही थी। ज़ाहिर है कुछ लोग जो 'न' सुनने के आदी न थे। मैं उनके द्वारा लगाए आरोपों के घेरे में फिर फँस गई। उनकी नाराज़गी अपनी जगह पर जायज़ थी।

कैदियों को टीवी या टाइपराइटर जैसी सुविधाएँ देना कोई अपराध नहीं है। कैदियों को इस तरह की छोटी-मोटी सुविधाएँ, खुशियाँ देना एक प्रयास मात्र था। अगर इन सुविधाओं से उनकी जिंदगी का प्रवाह, अच्छे रास्ते पर एक नया मोड़ ले लेता है, तो इसमें बुरा क्या है ? मैंने एक भी कदम गलत नहीं उठाया।

राष्ट्रपति क्लिंटन के निमंत्रण को स्वीकारने का ही मामला लें। जिस काम से पूरे भारतवर्ष को मान-सम्मान मिले, उसे आरोपों के घेरे में बंद कर दिया जाए, तो कितनी तकलीफ होती है ? क्या मैं इस राष्ट्र का एक हिस्सा नहीं हूँ ? अगर मैं इससे अलग नहीं, तो मैं जानना चाहती हूँ, इसे व्यक्तिगत क्यों बनाया गया ? न तो मैं बेचारी हूँ, न ही एक अबला। मेरी सब लोगों से खास तौर से औरतों से अपील है कि वह ऐसे शब्दों की दीवारों को तोड़ दें। राजनीति के घेरे में मुझे घसीट कर चाहे कितने ही आरोप लगा दिए जाएँ, मैं हारने-थकनेवालों में से नहीं हूँ। मेरा काम करने का तरीका अलग है। सब सहज तरीके से होता है। मेरी सोच उस आदमी से जुड़ी है जो पहले प्रताड़ित होता है, फिर अपराध करता है, दूसरे लोग उसे बार-बार इस्तेमाल करते हैं। राजनीतिज्ञ लोग, जो अपने 'कुछ' होने का अहसास करवाना चाहते हैं, हर कानून को तोड़ते हैं और स्वयं पर गर्व करते हैं। मैंने कभी भी उनसे समझौता नहीं किया है। कुछ बीच के लोग, इधर-उधर जुड़े लोग, मेरे कामों पर पैनी नज़र रखते हैं। और शोर मचाते हैं कि किरण बेदी ने क्या कर दिया ? इसके बाद सबसे पहले हरकत में आ जाता है मीडिया। मेरे ऊपर एक आरोप है कि मैं प्रचार की भूखी हूँ। अगर आप इस आरोप की गहराई में जाएँ, तो आप खुद-ब-खुद महसूस करेंगे कि प्रचार-प्रसार माध्यम ही मेरा पीछा करते हैं वह स्वयं ही उत्तेजित या प्रेरित होकर लहकाना, उकसाना शुरू कर देते हैं। कुछ तो होगा मेरी हस्ती में कि मैं सुर्खियों से मिटती-हटती ही नहीं।

जहाँ तक राजनीतिज्ञों का प्रश्न है, उनका ईमानदार होना एक वांछित गुण ही नहीं, बल्कि आम आदमी का अधिकार माना जाना चाहिए। संसद और विधान सभाओं में 'सही' व्यक्तियों को बैठने का अधिकार होना चाहिए, ताकि देश भ्रष्टाचार से मुक्त

हो सके। छात्रों से मेरा विशेष आग्रह है। आज की युवा पीढ़ी को वातानुकूलित जीवन शैली के स्थान पर सामुदायिक सेवाओं पर ध्यान देना चाहिए। जब तक गाँवों और कच्ची बस्तियों में रहनेवाले मेहनतकश लोगों की जिंदगी के बारे में युवा पीढ़ी को व्यावहारिक ज्ञान नहीं होगा, तब तक वे सही इंसानी जिंदगी को समझ नहीं सकते हैं। सुविधाभोगी बनने के स्थान पर युवा पीढ़ी को मेहनती बनना चाहिए।

यह युवा पीढ़ी ही है, जो स्वयं संस्कारी बनकर नैतिक मूल्यों पर ध्यान दे कर देश को एक अंधकारमय भविष्य से बचा सकती है। आज युवा पीढ़ी सिर्फ टी.वी. देखती है, इसलिए वह समाज से कट रही है। उसे टी.वी. का मोह छोड़कर मानव सेवा से जुड़ना चाहिए।

छात्रों को कभी भी किसी प्रत्याशी को चुनाव में समर्थन देने से पहले पता लगाना चाहिए कि उसका व्यवसाय, आय और पुलिस रिकार्ड क्या है। जब तक यह जानकारी उपलब्ध न हो जाए, तब तक किसी भी प्रत्याशी के इश्तिहार दीवारों पर लगने नहीं दिए जाने चाहिए।

वैसे तो छात्रों का परम धर्म और कर्तव्य है कि अपने एक-एक क्षण का उपयोग ज्ञान अर्जित करने में लगा दें, लेकिन राजनीति पर निगाह रखना भी हर समझदार जागरूक छात्र का काम है। शीघ्र ही राष्ट्रपति को प्रस्ताव दिया जानेवाला है जिसके तहत चुनाव पत्र में एक महत्त्वपूर्ण परिवर्तन का सुझाव है। मतदाता का यह मूल अधिकार होना चाहिए कि वह सभी उम्मीदवारों को अस्वीकृत करते हुए मुहैया करवाए गए स्थान पर यह शब्द लिख सकें—'कोई भी नहीं'। इससे बड़ी सजा किसी राजनीतिज्ञ के लिए क्या हो सकती है ? और मतदाता के लिए अपना स्पष्ट मत व्यक्त करने के लिए इससे बेहतर व्यवस्था और क्या हो सकती है।

हमारा सामाजिक ढाँचा राजनीतिक ढाँचे से जुड़ा है। अस्थिरता हमेशा विकास के लिए एक गतिरोध बन जाती है। दोबारा होश आने, सँभलने में वक्त लगता है। अस्थिरता के कारण शांति भंग होती है प्रभावित लोग क्षुब्ध हो जाते हैं। हमारे देश में हाल में घटी और घट रही घटनाओं ने कितनी उत्तेजना को जन्म दिया है। हमेशा मध्यावधि चुनाव का डर बना रहता है। एक संसदीय चुनाव में कितना पूँजी निवेश होता है, यह सर्वविदित है। और फिर कौन-सा दल सत्ता में आएगा ? किसी भी प्रश्न का उत्तर आसान नहीं है। और एक महत्त्वपूर्ण बात—राजनीतिक अस्थिरता का प्रभाव शिक्षा और स्वास्थ्य पर पड़ता है और ये दायित्व अधिकतर सरकार ही सँभालती है। लोगों के पास इन पर धन व्यय करने की क्षमता ही नहीं है। आज हमें अपनी प्राथमिकताओं को साकार रूप देने की जरूरत है। ज़रूरत है सक्षमता, सत्यनिष्ठा और

न्यायनिष्ठा की। जब तक आप लूट-पाट को ही अपनी प्राथमिकता मानते रहेंगे, आप सेवा को प्राथमिकता कैसे देंगे ? आप अपनी सारी ऊर्जा तो संसाधनों को उड़ाने में लगा देंगे।

जो युवा सार्वजनिक जीवन में कार्यरत होना चाहते हैं, लेकिन व्यवस्था के कारण कतराते हैं, उन्हें चाहिए कि वह 'न' कहना सीखें। क्यों नहीं करते वह ऐसा ? वह क्यों नहीं समझते कि उनके पास एक विकल्प है, एक रीढ़ की हड्डी है ?

जॉन एफ. कैनडी ने राष्ट्रपति पद के लिए शपथ ग्रहण करते समय कहा था, 'यह मत पूछो कि देश तुम्हारे लिए क्या कर सकता है। यह पूछो कि तुम देश के लिए क्या कर सकते हो।'

मैं यह पूछती हूँ, 'अगर आज युवा वर्ग अपने माता-पिता समाज के विरुद्ध आवाज़ उठा सकता है, तो वह अन्याय से क्यों नहीं प्रश्न कर सकता ? वह क्यों नहीं अनाचार के विरुद्ध आवाज़ उठा सकता ? वह क्यों नहीं दुराचार का विरोध करता ? क्योंकि इससे बचना उसके लिए एक बेहद सुविधाजनक स्थिति है।'

हम अपने नेताओं की ओर आशावान नज़रों से देखते हैं, लेकिन इसका अर्थ यह नहीं है कि हम उनसे प्रश्न ही नहीं पूछ सकते।

हाल ही में आयोजित ट्रक चालकों की हड़ताल को ही ले लें। यह ठीक है कि इस तथ्य का सामना हमें करना ही पड़ेगा। लेकिन ऐसा पूरे देश में हो रहा है।

मार्गरेट थैचर के कार्यकाल में कोयला क्षेत्र के कर्मियों ने अनेक बार हड़ताल की। थैचर ने कोयला क्षेत्र का निजीकरण कर दिया था। उन्होंने पूरी व्यवस्था को अपने अधिकार में ले लिया था। पेरिस में हुई रेल हड़ताल के दौरान कितनी सख्ती बरती गई थी। तब वहाँ का पूरा यातायात अस्त-व्यस्त हो गया था। ऐसा तो तब तक होता ही रहेगा, जब तक राष्ट्रीय संघ सक्रिय रहेंगे। वह तो आपको निष्क्रिय करते ही रहेंगे। ऐसे भी राजनेता हैं, जो अपनी नाक से आगे देख ही नहीं सकते हैं। नवंबर 1994 में मैं जब कलकत्ता गई, तो लोगों ने तो जेल सुधार पर मेरे विचारों का भरपूर स्वागत किया, लेकिन राजनीतिज्ञों ने उन्हें नहीं स्वीकार किया। सत्ताधारी वामपंथी सरकार के एक नेता ने तो कलकत्ता जेल में मेरे प्रवेश तक को अनुचित घोषित कर दिया। वहाँ के जेल मंत्री को लगा, मैं उन पर आक्रमण कर रही हूँ। मैं तो सिर्फ छूटे कैदियों के पुनर्वास का नया अध्याय लिखना चाह रही थी। इसके लिए मुझे किसी राजनेता के प्रति अपनी स्वामिभक्ति दिखाने की जरूरत कहाँ से उत्पन्न हो गई ? सुधार लाना एक बहुत लम्बी और जटिल प्रक्रिया है। देश सेवा मेरा लक्ष्य है—वह चाहे मैं पुलिस अधिकारी के रूप में करूँ, चाहे बाहर रह कर।

मीडिया के दायित्व

मीडिया अपना ध्यान राजनीतिक समाचारों, घटनाओं पर अधिक केंद्रित करता है। सामाजिक संगठनों के अच्छे कामों को महत्त्वपूर्ण रूप से पेश करने के लिए समाचार पत्र-पत्रिकाओं में 'आशा' का पन्ना प्रकाशित होना चाहिए। इसी तरह तो लोग गरीब और कमजोर वर्ग के लिए निःस्वार्थ और समर्पित भाव से काम करने के लिए प्रोत्साहित होंगे। एक सरकारी कर्मचारी, जो कोई अच्छा काम कर रहा होता है व्यवस्था उसे ही पीट देती है या तबादलों के रूप में सज़ा देती है, तो मीडिया कहाँ सो रहा होता है ? चटखारे लेकर मिर्च-मसाला लगा कर पत्रकार एक सनसनीखेज़ कहानी लिख कर अपने संपादक को थमा देते हैं।

अक्तूबर 1994 में सूरत में प्लेग की महामारी फैली, तो दूरदर्शन ने मुझे कपिल देव और अमजद अली खाँ का हवाला देते हुए एक अपील जारी करने के लिए आमत्रित किया था। वह चाहते थे कि मैं लोगों से अपील करूँ कि चिंता या घबराने की कोई ज़रूरत नहीं है। मैंने उस संवाददाता से साफ-साफ कह दिया था, 'हाँ, मैं चिंतित हूँ, बहुत घबराई हुई भी, साथ-ही-साथ बेहद नाराज़ भी। मैं नाराज़ हूँ नागरिक सेवाओं से और सरकार से। इस महामारी की रोकथाम के लिए ज़िम्मेदार लोगों को टी.वी. पर लाइए, ताकि वह अपनी भूमिका निभाने के लिए सार्वजनिक स्तर पर वचनबद्ध हो सकें।'

बहुत-से उदाहरण मैं दे सकती हूँ। हैदराबाद में बारहवीं अखिल भारतीय महिला कांफ्रेंस का आयोजन दो वर्ष पहले किया गया। वहाँ राष्ट्रीय महिला मिशन आयोग की अध्यक्षा मोहिनी गिरी ने माँग की थी कि जो औरतें बार-बार अपराध किए बगैर सिर्फ किन्हीं परिस्थितियों के कारण जेलों में बंद हैं या अपने पतियों के दुर्व्यवहार

के कारण मानसिक संतुलन खो बैठी हैं, उन्हें रिहा कर दिया जाए।

औरतों को आर्थिक स्तर पर आत्मनिर्भर बनाना इतना आसान काम नहीं, लेकिन इस कांफ्रेंस के बाद किए गए वादों और माँगों का क्या हश्र हुआ, जनता को यह बताने की जिम्मेदारी मीडिया की बन जाती है। महिला आरक्षण विधेयक की जो ऐसी-की-तैसी हो रही है उसकी चर्चा करना वक्त की बरबादी है। इसमें मीडिया की भूमिका क्या रही है ?

1993 के बाद मेरे तिहाड़ कार्यकाल के दौरान लोकतांत्रिक अधिकार संघ (पीपल्स यूनियन फॉर डेमोक्रेटिक राइट्स, जिसे लोग पी. यू. डी. आर. के नाम से बेहतर जानते हैं) ने जेल के भीतर हुई मौतों को ले कर कितना हंगामा खड़ा किया। मीडिया को मिला मसाला और लोगों को गलतफहमियाँ। अगर जेल के भीतर कोई आत्महत्या करता है, तो उसमें स्टाफ की क्या भूल है ? उसके अपने तनाव, अपनी समस्याएँ हो सकती हैं। अगर एस.डी.एम., जो हर मौत के बाद जाँच-पड़ताल करता है यह कह दे कि कैदी की मौत स्टाफ की ज्यादती के कारण हुई है, तो हम जिम्मेदार ठहराये जा सकते हैं। जब इस तरह की संस्थाएँ मीडिया तक पहुँच कर हंगामे खड़े करती हैं तो मीडिया की क्या जिम्मेदारी बन जाती है ?

या फिर बेहद चर्चित समलैंगिकता को ही लें। तिहाड़ जेल में बंद कई बंदी बरसों से भीतर दिन काट रहे हैं। सेक्स हर इंसान की जरूरत है, जो जेल के भीतर पूरी नहीं हो सकती है। मैंने तिहाड़ जेल में जब समलैंगिक गतिविधियों के लिए कंडोम सप्लाई करने से इंकार कर दिया, तो यह निर्णय मीडिया की समझ में ही नहीं आया। अगर हम भारतीय संस्कृति का हवाला दें, तो समलैंगिक गतिविधियाँ हमारे यहाँ स्वीकृत नहीं हैं। तिहाड़ में भी इसका ऐसा कौन-सा व्यापक या स्वीकृत प्रचलन था कि मैं बंदियों को कंडोम बाँटने शुरू कर देती। दूसरी बात, समलैंगिक गतिविधियाँ भारतीय न्याय संहिता के तहत एक अपराध हैं और इसके भागीदारों को सजा दी जा सकती है। क्या मीडिया ने इस तथ्य को समझा और आम जनता को वास्तविकता से अवगत करवाया ?

यह अलग बात है कि हमने तिहाड़ में इस समस्या के प्रति अपनी चौकसी या निगरानी में कोई छूट नहीं आने दी। ज़रा सोचिए, जिस कारावास में दो हजार की जगह दस हजार कैदी ठूँसे गए हों, वे क्या समलैंगिक गतिविधियों में भागीदार बनेंगे ! यह सच है कि अगर किसी भी मात्रा में इस तरह की गतिविधियाँ जारी हैं, तो डॉक्टरों की सलाह से तय पाया गया कि कैदियों को कंडोम देने की बजाए उन्हें एड्स के खतरों से अवगत करवाना बेहतर होगा। कम-से-कम मेरा तो यही

मत था। मीडिया ने इस मसले को किस हद तक समझा, वह ही जाने !

मैं समझती हूँ कि हर किसी को एक-न-एक आदर्श की जरूरत होती है—एक ऐसे आदर्श की, जिसका अनुसरण किया जा सके। ऐसे आदर्श मिलते हैं ऐसे लोगों में, जो समाज की भलाई के लिए किसी-न-किसी समस्या को लेकर धर्मयुद्ध लड़ रहे हों। इनके बारे में मीडिया ही तो लिखता है। ऐसे कितने विषय हैं, जिन्हें लेकर जिहाद छेड़ा जा सकता है। आप ज़रूर एम. टी. वी. देखें, लेकिन थोड़ा ध्यान यातायात प्रबंध, प्रदूषण विरोधी मसलों पर भी केंद्रित करें। संभावनाएँ अनंत हैं। मैं मीडिया से यह तो नहीं कह सकती कि वह भ्रष्टाचार, सामाजिक विकारों और अन्य नकारात्मक गतिविधियों के विरोध में हिंसात्मक गतिविधियों में हिस्सा ले। लेकिन आखिर दबाव ग्रुप कौन बनाएगा, कौन समाज को प्रभावित करनेवाले मसलों पर बहस शुरू करेगा, कौन अनुचित गतिविधियों के विरुद्ध सकारात्मक ढंग से सार्वजनिक मत तैयार करेगा ?

सबसे महत्त्वपूर्ण बात यह है कि जब तक मीडिया किए गए अच्छे कामों के बारे में प्रचार नहीं करेगा, तब तक हमें सामुदायिक योगदान और सहयोग कैसे मिलेगा ? अंग्रेजी दैनिक समाचार पत्र हिंदुस्तान टाइम्स के दो संवाददाताओं ने मेरी प्रतिष्ठा या मेरे नाम की जो क्षति की, उसका मुआवजा वह मुझे कभी नहीं दे सकते। बिना तथ्यों की जानकारी हासिल किए इन दो संवाददाताओं ने यह खबर प्रकाशित कर दी कि मैंने जेल नियमों का उल्लंघन करते हुए बरसों से तिहाड़ में बंद चार्ल्स शोभराज को टाइपराइटर की सुविधा प्रदान की है। मैंने भारत की प्रेस परिषद के समक्ष अपनी याचिका दाखिल की। जाँच के बाद परिषद ने मुझे दोषमुक्त घोषित करते हुए आदेश दिया था कि प्रत्यार्थी समाचार पत्र ने जेल मैनुअल के नियम 32 और 33 की धाराओं को संपूर्णता से उद्धृत नहीं किया और समाचार पत्र में प्रकाशित जानकारी प्रतिवादी के प्रति संदेह उत्पन्न करनेवाली थी। इसके परिणामस्वरूप पाठक को मीडिया के माध्यम से एक ऐसी जानकारी मिली, जो उसके मन में मेरे प्रति एक भ्रम उत्पन्न कर गई। इस तरह की भ्रामक खबरें छापने का अधिकार क्या मीडिया को है ?

एक और बात, जब मैंने तिहाड़ जेल के भारी-भरकम किवाड़ गैरसरकारी संगठनों, स्वयंसेवियों, उद्यमियों के लिए खोले थे, तो इन सबके साथ मीडिया को भी भीतर आने से नहीं रोका। क्या कभी मीडिया ने इस बात पर दुनिया का ध्यान केंद्रित किया कि इतनी बड़ी संख्या में बाहरी मदद के भीतर आने के बावजूद क्या एक भी ऐसा मामला सामने आया, जिसमें सुरक्षा चूक या फिर गलती का कोई मामला आया हो ? क्या अनुशासनहीनता का एक भी मामला मीडिया रिपोर्ट कर पाया ? तिहाड़ में मेरे कार्यकाल के दौरान प्रचार-प्रसार माध्यमों ने बेशक बहुत-सा सकारात्मक

प्रचार किया, लेख लिखे, फिल्में बनाईं। इनके माध्यम से बंदियों को बहुत लाभ हुआ। न इतना प्रचार, प्रसार हुआ होता तो उन्हें वह सब कुछ न मिलता, जो मेरे कार्यकाल के दौरान उन्हें मिला। एक पुलिस अधिकारी होने के नाते मैंने तर्कसंगत शक्ति का भरपूर उपयोग किया। सरकारें तो सिर्फ नियुक्तियाँ करती हैं, मैं कानून द्वारा निर्धारित नियमों का पालन करती हूँ। आप मूल रूप से एक अच्छे इंसान हैं तो आपकी अच्छाई आपके द्वारा किए गए कामों में प्रतिबिंबित हो जाती हैं। पिछले चुनावों में तीन राजनीतिक दलों ने मुझे राजनीति में आने के लिए आमंत्रित किया था। मैंने इंकार इसलिए कर दिया था, क्योंकि राजनीतिज्ञ बन कर मैं वह सब नहीं कर पाऊँगी जो मैं पुलिस अफसर के रूप में कर सकती हूँ।

मीडिया मेरा पीछा इसलिए नहीं करता, क्योंकि मैं औरत हूँ बल्कि इसलिए कि मैं ऐसे काम करती हूँ जो उसे आकर्षित करते हैं। मैंने इस दुनिया को दो हिस्सों में बाँटा हुआ है। एक में वह लोग वास करते हैं, जो काम करते हैं। दूसरे में वह, जो काम नहीं करते। मेरी खोज में परिणाम, कुशलता, गुणवत्ता, बेहतर उत्पादन शामिल हैं। क्या वजह है कि नशामुक्त हो चुके लोग और उनके परिवार जन या फिर तिहाड़ जेल में बंद या छूटे कैदी मुझे माँ का दर्जा देकर मेरी खुशियों और ग़मों में भागीदार बने हुए हैं ? शायद इसलिए कि मैं अपना काम पूरी शिद्दत से करती हूँ। मैंने इतना तो किया ही है कि ऐसे लोगों को उस समाज में सही तरीके से काम करने की हिम्मत दी है, जो उन्हें नफरत भरी नीची नजरों से देखता है।

यह मीडिया ही है, जिसने मुझे तिहाड़ जेल की जादूगरनी और पाइड पाइपर जैसे नाम दिए। लोगों की शिकायत है कि मैं मीडिया की डार्लिंग हूँ। अगर मैं अच्छा काम करती हूँ तो उसके प्रचार के माध्यम से हो सकता है मैं किसी को प्रेरित करूँ। ऐसा हुआ भी है। और, इसमें बुरा भी क्या है ?

परिवार की भूमिका

जितनी चिंता बच्चों के माँ-बाप को उनके कल्याण के लिए बनी रहती है, उतनी ही शिद्दत से वे परिवार कल्याण की महत्ता नहीं समझते। हमारे माँ-बाप फुटबाल और क्रिकेट की टीमें बना रहे हैं।

पिछले पाँच दशकों में किसी ने भी देश और समाज की समस्याओं को गंभीरता से नहीं लिया है। हमारे नेतृत्व ने देश के हित को अनदेखा कर अपने निजी स्वार्थ को प्राथमिकता दी है। हम सब अपने अधिकारों की बात करते हैं, लेकिन कर्तव्यों को भुला देते हैं। हमारे राजनेताओं के अपने परिवार कितने बड़े हैं, यह तो सर्वविदित है। जनसंख्या ही हमारे देश में व्याप्त बुराइयों की जननी है। कौन लगाएगा इस पर अंकुश ? चारों ओर बढ़ रही नई-नई बस्तियाँ और अपार भीड़ के पास वक़्त ही नहीं कि वह देश पर तन-मन-धन न्यौछावर करने की सोचे भी। अपने-अपने परिवार को सीमित रखने के लिए अब देश की जनता को ही इसे अपनी व्यक्तिगत नैतिक जिम्मेदारी समझना होगा।

हमारे देश में 60 प्रतिशत गर्भ धारण सांयोगिक होते हैं। इससे एक ही बात साफ नजर आती है और वह यह कि औरतें अपने ही शरीर से कितनी अपरिचित हैं। इस तरह के अनायोजित गर्भ धारण से अस्वस्थ बच्चों का जन्म होता है। वे अस्वस्थ युवक बनकर पूरे देश को कमजोर बना देते हैं। इससे भी अधिक ज़रूरी है कि माता-पिता बच्चों को नैतिक शिक्षा दें। नई पीढ़ी अनुशासन से विमुख हो गई है। माता-पिता अपने आचरण के आधार पर बच्चों को नैतिकता की शिक्षा देने का कर्तव्य कहाँ निभा रहे हैं। हमारे देश में पढ़ने के लिए अच्छी पुस्तकें और सीखने के लिए अच्छी तकनीक है, लेकिन पुरानी पीढ़ी की मूल्य पद्धति का पूरी तरह अभाव

है। नई पीढ़ी को मूल्यवादी बनाने का एक ही तरीका है और वह यह कि हमारे परिवार अपने मूल्यों की स्थापना के लिए पुनः उचित माहौल बनाएँ।

अपनी 25 साल की पुलिस सेवा में मैंने अपना फर्ज़ निभाने के लिए हर तरह की चुनौतियों का मुकाबला किया है। इस मंजिल तक पहुँचने के लिए अपने माता-पिता का त्याग और योगदान मैं कभी नहीं भूलती, उन्होंने ही मुझे निडर और साहसी बनाया है। मैं अपने कार्यकाल में अनेक कठिन विषम परिस्थितियों से गुज़री हूँ। लोग मेरे अदम्य साहस के कारण मुझे सराहते हैं, लेकिन जब उनकी अपनी बेटी का प्रश्न उठता है, तो जल्दी ही उसकी शादी करके अपनी जिम्मेदारी से मुक्त हो जाते हैं। ऐसे माता-पिता न सिर्फ अपनी बेटियों के साथ अन्याय करते हैं, बल्कि आनेवाले सुनहरे भविष्य पर काला दाग लगा लेते हैं। मेरे माता-पिता ने मुझे शुरू से ही बोलने की आजादी दी। मुझे शिक्षित किया, वह मुझे सामाजिक समारोहों में साथ ले जाते थे और शादियों में दिए जानेवाले दहेज का बहिष्कार करने की प्रेरणा देते थे। जब हमारे माता-पिता हम चारों बहनों से पूछते थे कि क्या तुम भी इस तरह दहेज की शादी करोगी, तो हम रो पड़ते थे और कहते थे—नहीं डैडी, हम यह नहीं करेंगे, हम नहीं बिकेंगे और तभी से आज तक मैंने अपने जीवन का एक ही लक्ष्य स्थापित किया : कड़ी मेहनत व कड़े अनुशासन का पालन करना।

जो परिवर्तन मैं आज देख रही हूँ इस परिवर्तन व जागरूकता का श्रेय हमारी शिक्षा प्रणाली को भी जाता है। आज लड़की शिक्षित हो रही है तथा प्रश्न कर रही है कि इतना पढ़ने-लिखने के बाद भी दहेज क्यों ? हम आगे निकलते आ रहे हैं परिवर्तन से और परिवर्तन में हर चीज़ अस्थायी होती है। परिवर्तन केवल डिग्री की शिक्षा तक मत दीजिए। उन्हें अपने पैरों पर खड़े होने को प्रोत्साहित करें, क्योंकि हमारी जनसंख्या बड़ी तेज़ी से बढ़ रही है और साधन कम हो रहे हैं। ऐसे में सरकार भी कब तक रोज़गार की समस्या को सुलझा सकती है ? इसलिए उन्हें कुछ ऐसा हुनर सिखाइए, जो उनकी जीविका चलाने में मददगार हो।

इस परिवर्तन से पैदा हुई समस्या को सुलझाने के लिए जागरूक परिवार की आवश्यकता है। हम इसे महिलाओं की समस्या न समझ कर, परिवार की समस्या समझें व इसके लिए एकजुट होकर आगे आएँ, संगठित बनें।

संगठनों को चाहिए कि हर उस बुराई से लड़ें, जिसकी जड़ें आज हमारे समाज में कहीं अंदर तक बैठ गई हैं।

बेईमानी हर जगह फैली हुई है। पुलिस भी उसमें शामिल है, राजनीतिक दबाव भी यहाँ पड़ते हैं। बहुत कम लोग हैं, जो ईमानदार व कर्तव्यनिष्ठ हैं, जो अपना

जमीर कायम रखते हैं। ऐसे ही समय के लिए हमें संगठनों की आवश्यकता है और संगठन से हमें आत्मबल मिलता है और यह संगठन पारिवारिक सुख के लिए हैं। परिवार औरत को प्रिय है। संगठन से मानसिक विकास होता है। खुद को सूचित करने के लिए संगठन की एक महत्त्वपूर्ण भूमिका है। अपने देश व समाज के विकास के लिए खुद को सूचित करना अत्यंत आवश्यक है। नारी हो या पुरुष, हमें अपने विकास की बात करनी है। आज शादी-ब्याहों में दिखावे के नाम पर अंधाधुंध पैसा बहाना, खाद्य पदार्थों को व्यर्थ करना जैसे फिजूल खर्च को ले कर एक बड़ा आंदोलन चलाना चाहिए, जिससे इन फिजूल खर्चों से बचा पैसा देश के निर्माण के काम आ सके।

नारी ही वह शक्ति है, जो अपने पुत्रों, अपने पति व अपने भाइयों को अच्छे संस्कार दे कर परिवार को संगठित कर के देश में फैले तमाम आतंकवाद, अलगाववाद, सांप्रदायिकता व जातिवाद का समूल नाश कर सकती है।

इंसान के अंदर वह अद्भुत शक्ति है, जो उसे उसकी इच्छानुसार कामयाबी दिलाती है, आवश्यकता है तो उसे समझ कर पहचानने की।

मैं मानती हूँ कि नारी नाम है उस शक्ति का, जो बड़ी-से-बड़ी चट्टान को भी काट कर मीठा झरना बहा सकती है। नारी को प्रकृति ने उपहारस्वरूप ऐसे बेनजीर तोहफे से नवाजा है, जिसका नाम है धैर्य। यह हमारा दुर्भाग्य है कि हमारे देश में अच्छे व्यक्ति की कद्र ज़रा देर से होती है। मंजिल अभी बाकी है, सफर लंबा है। अभी मुझे बहुत काम करने हैं।

सबसे अधिक जरूरी है कि छात्रों को सुबह से शाम तक व्यस्त रखा जाए। हमारी पूरी शिक्षा प्रणाली ही त्रुटिपूर्ण है। उन्हें बोर्डिंग स्कूलों में भेजने के बजाए दिन भर के लिए स्थापित बोर्डिंग स्कूलों में व्यस्त रखा जाए। किसी भी बच्चे को योग्य या प्रतिभाशाली छात्र बनने के लिए कोई चमत्कारिक काम नहीं करना होगा। उसे तो सिर्फ स्वयं अपना अध्ययन जारी रखते हुए, स्वयं ही खुद को प्रेरित करना होगा। उसे धूम्रपान, नशा या हिंसा जैसी विनाशक और विध्वंसक आदतों से दूर रहते हुए सुयोग्य उपयोगी गतिविधियों में भागीदार बनना होगा। किशोरावस्था जिंदगी का एक सुंदर पड़ाव होता है। एक योग्य प्रतिभाशाली छात्र बनकर जिंदगी में रस लेने, आनंद प्राप्त करने से छात्र स्वयं को वंचित न रखें।

वैसे मैं महिलाओं के लिए आरक्षण के हक में हूँ। घर-बार देखना, सँभालना तो औरत की प्रकृति का एक अंग है, लेकिन आज हमें समाज के विकास के लिए एक बहुत सकारात्मक भूमिका निभानी होगी। यह जिम्मेदारी औरत की ही है कि

वह अपने बच्चों को देश के सुयोग्य नागरिक बनाती है। हमारे यहाँ औरतें समाज के बारे में बाद में सोचती हैं और अपने परिवार के बारे में पहले। यहीं से शुरू होती है पतन की प्रक्रिया। ऐसा भी नहीं कि पुरानी पीढ़ी की तरह आज की नारी भेदभाव को सह लेती है। इसका कारण है अच्छी शिक्षा। औरतें एक शक्ति स्तंभ होती हैं। उन्हें अपनी ज़िम्मेदारी से मुँह नहीं मोड़ना चाहिए। उन्हें तो स्वयं को प्रमाणित करने के लिए बहादुरी से काम करना चाहिए।

सफल महिलाएँ यानी वे महिलाएँ, जिन्होंने कुछ उपब्धियाँ प्राप्त की हों, कोई कार्यसिद्धि पाई हो। एक सम्मेलन में हाल ही में मुझसे पूछा गया था, 'वे कौन-से गुण हैं जो सफल महिलाओं का निर्माण करते हैं? मेरे विचार में सबसे अधिक सफल औरतें वे होती हैं जिनमें लड़ने की हिम्मत हो, विरोध करने की क्षमता हो, जो आसानी से हार न मानें। मेरा यह मतलब नहीं है कि दूसरी औरतें कम योग्य या कम प्रतिभाशाली होती हैं। ऐसा भी नहीं कि वे उतनी मशहूर नहीं हो सकती हैं, लेकिन उनमें कमी यह है कि उन्होंने कभी जिद नहीं की, वह डटी नहीं रहीं, किसी-न-किसी मुकाम पर पहुँच कर वह हिम्मत हार गईं।

याद रखिए कि सबको सब कुछ नहीं मिलता। एक भरा-पूरा सुखी परिवार, एक सफल नौकरी, खूब-सा पैसा, अच्छी सेहत, संतोष लायक बच्चे और खुशी। लोग तो उसी औरत को सफल मानते हैं, जो किसी मुकाम पर पहुँच जाती है। सफल औरतों में इंदिरा गांधी का उदाहरण लें। शक्ति थी, प्रसिद्धि थी उनके पास, लेकिन उनका वैवाहिक जीवन वैसा न था, जैसा होना चाहिए था। व्यक्तिगत स्तर पर वह कितनी खुश थीं ? फिल्मी कलाकार कितना धन कमाते हैं, कैसी भरपूर विपुलता में जीते हैं, लेकिन इनमें से कई एक के पति हिंसक होते हैं, कइयों के दूसरी औरतों से संबंध होते हैं। धन चाहे कितना भी क्यों न हो, लेकिन उनके निजी जीवन में अकेलापन छाया रहता है। लोग सिर्फ बाहरी आवरण देखते हैं। भीतर का अकेलापन किसी को दिखाई नहीं देता। कुछ हारना पड़ता है और कुछ उपलब्ध हो जाता है। सफलता के लिए एक कीमत चुकानी पड़ती है, एक ऐसी कीमत जो दूसरों को नज़र नहीं आती। मैं घर-परिवार के काम-काज से एकदम अनजान हूँ। मेरे कैरियर में भी कितने उतार-चढ़ाव आए हैं, कितनी रुकावटें, कितनी कठिनाइयाँ आई हैं। मेरा लचीलापन, अपने भीतर नई शक्ति का संचार कर पाना ही मुझे बचाता रहा है। हर सफल औरत की उपलब्धि का यही राज़ है। उस सब्जी बेचनेवाली का भी यही राज़ है। वह तीन बच्चों की देखभाल करते हुए मुस्कराती रहती है। यह अलग बात है कि दुनिया की निगाह में सफलता की यह परिभाषा नहीं है। अकसर औरतें यही

सोचती हैं, मैं तो कुछ भी नहीं। वह संकोच करती रह जाती हैं। अगर किसी ने घर के हिंसात्मक वातावरण को बदल दिया, गरीबी से, जरूरत से ज्यादा कठोर श्रम से छुटकारा पा लिया, तो वह भी एक सफल औरत है। अगर सकारात्मक आशावादी दृष्टिकोण अपनाना है, तो पहले अपने शरीर को स्वस्थ रखिए। ऐसे खेल खेलिए, जो आपको शारीरिक और मानसिक स्तर पर चुस्त रखें। भोजन अक्लमंदी से खाइए। शारीरिक रूप से स्वस्थ रहते हुए आप दुनिया को दूसरे ही नज़रिये से देखने लगेंगी। बीमार-कमजोर औरत क्या युद्धरत होगी ! यही बातें पुरुषों और बच्चों पर भी लागू होती हैं। यह औरतें ही हैं जो सफलता को किस्मत से जोड़ती हैं। यह सच है कि जिस वक्त मैं पुलिस सेवा के लिए चुनी गई, उसमें नियति का हाथ था। वह एक ऐसी घड़ी, एक ऐसा पल था, जब पुरुषों के गढ़ को तोड़ना संभव था। किसी को भी सब कुछ नहीं मिलता, लेकिन हर एक को कुछ-न-कुछ जरूर मिल जाता है। शेष सब कुछ आपके भीतर है—मन में। यहीं से सीमाएँ, प्रतिबंध और गतिरोध तैयार होते हैं।

औरतों और बच्चों को त्योहारों से बड़ा लगाव होता है। शायद हर किसी को इनका चाव रहता है, लेकिन होली आज खतरनाक स्थिति में पहुँच चुकी है। अबीर-गुलाल लगाकर सामूहिक रूप से नाचना-गाना अब सिर्फ कुछ फिल्मों तक ही सीमित है। समाज में तो होली के दिन अब बेशुमार बदतमीजियाँ होती हैं। कीचड़, गोबर, ग्रीस व अन्य घातक रंग फेंके जाते हैं, जो कभी-कभी शरीर को कई बीमारियाँ तक दे जाते हैं। शराब पी कर परस्पर, खास तौर पर महिलाओं के साथ, छेड़खानी व फूहड़ हरकतें की जाती हैं। कई जगह होली में पत्थर व लट्ठबाजी तक होती है। गली-मुहल्लों में प्रेम व सद्भाव की जगह गाली-गलौज व भय का माहौल बन जाता है। सबसे बड़ा तनाव पुलिस, सभ्य नागरिकों तथा चिकित्सकों के लिए होता है। अक्सर होली की शाम अस्पतालों में बेशुमार घायलों व नशे में धुत लोगों की भीड़ पहुँच जाती है।

कई लोग अब त्योहारों का गलत फायदा उठाते हैं। बनिया माल में मिलावट करता है, तो असामाजिक व लफंगे लोग गंदी हरकतें, बदतमीजी करते हैं। यातायात महँगा व असुरक्षित हो जाता है। होली की शरारत के बहाने लोग दूसरों को परेशान कर मज़ा लेने लगते हैं, जबकि होली इतना घटिया मजा लेनेवाला पर्व नहीं है। अनुशासनहीनता ने होली की मिठास को विकृत कर दिया है। यही कारण है कि आज सीधे व सभ्य नागरिक होली के दिन घर से बाहर निकलना उचित नहीं समझते।

होली के इस विकृत रूप को सुधारने का एक ही तरीका है। सभ्य सांस्कृतिक

माहौल के प्रति जन जागृति पैदा कर मीडिया इसमें सबसे बड़ी भूमिका अदा कर सकता है। टी.वी. में होली के काफी दिन पूर्व से लगातार अच्छे सामाजिक एवं होली गीत, उत्कृष्ट नाटक व सामाजिक सद्भाववाली फिल्में दिखाई जानी चाहिए। अखबारों को चाहिए कि होली के मद्देनजर मनोविनोद के साथ ही गंभीर सांस्कृतिक लेख लगातार लिखें। प्रशासन को भी स्वयं को चुस्त बनाने की सख्त जरूरत है। बात होली की ही क्यों हो, गंदी फिल्में तो हमेशा के लिए हटाएँ, फिल्मी गानों पर आधारित कार्यक्रमों का स्तर सुधारें, समाज का सभ्य तबका असभ्यों के खिलाफ अभियान छेड़े। तभी होली बढ़िया होगी।

हमें होली के दिन कभी भी घर से बाहर नहीं जाने दिया गया। घर में सब अपने ही परिवार के लोग होते हैं, इसलिए होली कोई रोचक संस्मरण हमें अभी तक तो दे नहीं पाई है। हाँ, एक-दो बार होली के वक्त मैं रेल में सफर पर निकली, तो रास्ते में कीचड़ व गोबर का ही सामना करना पड़ा। एक बार कार से गई, तो रास्ते में कुछ लोगों ने कार रुकवा दी और रुपये माँगने लगे। मना करने पर वे कार पर दनादन लट्ठ बरसाने लग गए। फिर रुपये दिए, तो मुक्ति मिली। मगर तब तक कार का हुलिया काफी गंदा कर दिया गया था।

कुल मिलाकर समाज से नैतिकता गायब हो रही है। नैतिकता को पुनः अर्जित व विकसित करना होगा। इसके लिए योजनाबद्ध होकर काम करना होगा। सामाजिक शांति व प्रगति ही होली या किसी भी त्योहार की सुंदरता बढ़ाती है।

दिवाली मेरा प्रिय त्योहार है। लेकिन दिवाली जैसा पावन सुंदर त्योहार क्या रूप अपना रहा है ! कहाँ गए वे दिन, जब यह एक पारिवारिक उत्सव होता था। आज यह एक व्यवसाय बन चुका है। कितनी जानें जाती हैं हर दिवाली पर, कितने लोग मिठाइयाँ खाकर बीमार होते हैं। मैं पहले भी कह चुकी हूँ और फिर कहूँगी, दिवाली के दिन भेंटें देने पर प्रतिबंध लगाना चाहिए। 'माँ वैष्णो देवी का अद्भुत चमत्कार' जैसे परचों का वितरण बंद होना चाहिए। इसमें छापेखानों के मालिकों को पकड़ कर समझाया जाना जरूरी है कि वह लोगों को गुमराह न करें। बहुत गुस्सा आता है मुझे। दरअसल, हमने न जाने क्यों नाराजगी, क्रोध, गुस्से को एक नकारात्मक रूप दे दिया है। जरूरी नहीं कि क्रोध का उपयोग प्रतिकूल प्रभाव ही उत्पन्न करे। सबसे ज्यादा गुस्सा मुझे अनुशासनहीनता पर आता है। मुझे खुद पर तब बहुत गुस्सा आता है, जब मैं सुबह की सैर और दौड़ पर नहीं जा पाती या फिर जब मैं यह महसूस करती हूँ कि मैंने अपनी क्षमता के अनुसार किसी काम को अंजाम नहीं दिया है। मेरे गुस्से ने ही मुझे उत्साही और जोशीला पुलिस अफसर

बनाया है। साथ ही साथ यह मेरा गुस्सा ही है, जिसने मुझे इतने तूफानों का सामना करवाया। मुझे लगता है, यह मेरा क्रोध ही है जो मुझे जिंदा रखता है।

वैसे तो मुझे जिंदा रखने में पुस्तकें भी एक उत्सव का ही काम करती हैं। आर.एच. लैसर की सेंट्स एंड सेजीज से लेकर स्वामी दयानंद सरस्वती की लाइट आफ ट्रूथ, बर्नार्ड शॉ की पोर्टेबल शॉ से लेकर जैक कैनफील्ड द्वारा संकलित 'अ थर्ड सर्विंग आफ चिकन सूप' मेरी कुछ प्रिय पुस्तकें हैं। आजकल मैं कृष्णामूर्ति और भगवान रजनीश का भी अध्ययन कर रही हूँ।

जैक कैनफील्ड से मेरी भेंट एक सुखद अनुभव रहा। उन्होंने मेरी पुस्तक 'आई डेयर' मुंबई में खरीदी थी और जब हम दिल्ली में मिले, तो मुझे पता चला कि मैं उनकी अगली पुस्तक का हिस्सा बननेवाली हूँ। जैक विपश्यना में गहरी रुचि रखते हैं। हार्वर्ड में अपनी कानूनी पढ़ाई जैक ने 1968 में छोड़ दी थी और अश्वेत बच्चों के लिए कल्याणकारी काम शुरू किया था।

सफलता के लिए जैक का नुस्खा दस हिस्सों में बँटा है। अपनी शक्ति को पहचानिए, अपने बारे में सकारात्मक बातें सोचिए, अपनी पुरानी सफलताओं का पुनर्निरीक्षण कीजिए, एक दूरदर्शी दृष्टि रखिए, अपनी दृष्टि को सुनिश्चित-साध्य लभ्य लक्ष्यों पर टिकाकर उस लक्ष्य को मन में स्पष्ट रूप से देखें, उस लक्ष्य की ओर अग्रसर होइए, अपना मूल्यांकन बार-बार कीजिए। और अंततः जब आप सफल हो जाएँ, तो उसे एक अनुष्ठान समझ कर उत्सव मनाएँ। जैक का कहना है, विजयी यह काम बड़े सहज रूप में करते हैं। मैं उनके सकारात्मक कर्म की कायल हूँ।

युवाओं से

मुझे युवाओं से मिलना बहुत पसंद है, क्योंकि मुझे अपना भविष्य उन्हीं में नज़र आता है। हर एक युवा एक दिन इस देश की नियति को बदलेगा। अगर सिर्फ एक व्यक्ति—सही सोचवाले एक व्यक्ति—को सही पद पर नियुक्त कर दिया जाए, तो यह देश उस गंतव्य पर पहुँच जाएगा, जिसके हम सपने देखते हैं। एक माँ ने अरस्तू से पूछा था, 'एक बच्चे का सही प्रशिक्षण कब शुरू होता है ?' उन्होंने प्रश्न किया था, 'आपके बच्चे की उम्र क्या है ?'

'पाँच साल।'

अरस्तू ने सलाह दी थी, 'आप पीछे भागना शुरू कर दें, आपने पाँच साल की देर कर दी है।'

हमें कभी भी हिम्मत नहीं हारनी चाहिए और यह प्रक्रिया जन्म से ही शुरू हो जाती है। मुझे लगता है, मेरे मामले में यह प्रक्रिया मेरी माँ के गर्भ से ही शुरू हो गई थी। जो मेरे माँ-बाप ने मेरे जन्म के समय मुझमें आरोपित किया, वह आज भी मेरे साथ है। इसमें मेरा कोई कमाल नहीं है। यह गुण तो मुझे मेरे जन्म के साथ ही दाय में मिला था। मैं शुरू से ही टेनिस खेलती थी। जब पंजाब पुलिस अकादमी में हमारे प्रशिक्षण का समय आया, तो मैं माउंट आबू में संपन्न प्रशिक्षण के बाद कलकत्ता में एक टेनिस टूर्नामेंट में भाग लेने गई थी। वहाँ से मैंने फोन पर अपने एक सहयोगी से पूछा, 'प्रशिक्षण कैसा चल रहा है ?' उसने कहा, 'तुम मत आना'। 'क्यों ?' का उत्तर उसने यह कह कर दिया था, 'यहाँ हालात बहुत खराब हैं।' लेकिन मुझे तो प्रशिक्षण के लिए वहाँ पहुँचना ही था और जब मैं वहाँ

पहुँची, तो पता चला कि प्रशिक्षणार्थियों को पंजाब पुलिस जिस तरह की लंबी दौड़ में भगा रही थी, उसके बाद प्रशिक्षणार्थी लगभग मृत-से टूट कर गिर जाते थे। जब मैं वहाँ पहुँची तो मैंने देखा कि इस लंबी दौड़ के बाद पुरुष तो गिर कर टूट जाते थे और मैं भागती रहती थी। ऐसा क्यों और कैसे हुआ ? क्योंकि यह लंबी दौड़ (जिसे आप मैराथन के नाम से बेहतर जानते हैं) मैंने पुलिस सेवा में आने के बाद नहीं शुरू की थी। मैं तो बहुत ही छोटी उम्र से भाग रही थी। मेरा स्कूल मेरे घर से दस किलोमीटर दूर था।

मैं और मेरी बहन पहले पाँच किलोमीटर इसलिए भाग-भाग कर बस स्टॉप तक जाते थे ताकि हम रिक्शा या ताँगे का खर्चा बचा कर 14 पैसों से अनारदाना या चूरन खरीद कर चटखारे ले सकें। हम खुद के लिए ही मेहनत करते। यह जो प्रक्रिया है–कभी न हारने, कभी न टूटने की, न जाने कब कैसे शुरू हो जाती है। मैं तो सिर्फ इतना ही कहना चाहती हूँ कि अगर आप अपनी दौड़ देर से शुरू करेंगे, तो नुकसान आपका ही होगा।

मैं सिर्फ एक ही संदेश देना चाहती हूँ। आपको जो भी सीखना है, वह आप खुद ही सीखेंगे। यह जिंदगी जीने के लिए है। आखिर सूरज उदय होता है। फिर अस्त हो जाता है। मैं अपना काम ढंग से करती हूँ या नहीं, सूरज तो अस्त होगा ही। मैं काम करूँ या न करूँ सूरज तो उदित भी होगा और अस्त भी। बीते कल को हम भूल जाते हैं। हर दिन एक नया दिन है। कल तो बीत गया। मैं आज कुछ उत्कृष्ट क्यों नहीं कर सकती हूँ ? जब कल सुबह हो, तो मुझे अफसोसा नहीं होना चाहिए कि मैं इससे बेहतर काम कर सकती थी।

आंतरिक स्तर पर मैं खुश हूँ। मैं किसी उच्चस्तरीय दर्शन की बात नहीं कर रही हूँ। यह कोई गणितीय सिद्धांत नहीं है। मैं गणित में बहुत ही पिछड़ी थी। तभी तो मैं स्कूल से भागकर विज्ञान और हिंदी विषयों की ओर चली गई थी। यह तो सीधी-सादी समझ, सामान्य ज्ञान की बात है।

हमारा भविष्य चुनौतियों भरा है। हमारा भविष्य फूलों से भरापूरा नहीं होगा। हाँ, यह गुलाबों से भरा ज़रूर होगा। आपको गुलाबों के साथ मिलेंगे काँटे। बहुत ढेर सारे काँटे। आपके लिए यह सीखना बेहद ज़रूरी है कि आप काँटों को कैसे काट कर खुशबू का आनंद उठा सकते हैं। यह याद रहना चाहिए कि किसी को भी बिना काँटों के एक भी गुलाब नहीं मिल सकता। आप चाहे व्यापारी हों या समाज सेवक या और कुछ, काँटे हमेशा आपके साथ रहेंगे।

मैं एक भी ऐसे व्यक्ति को नहीं जानती, जिसने बिना काँटों के इस संसार

को त्यागा हो। यही काँटे तो हमारी चुनौतियाँ हैं। एक भी दिन ऐसा नहीं होता जो अविरत निरन्तर हो। इस जीवन का भी एक स्थल पैटर्न होता है। समय का घटक घाटियों और पर्वतों, पहाड़ों, गहरे समुद्रों और पर्वत मालाओं से बनता है। कोई दो दिन एक समान नहीं होते। हर दिन एक नई चुनौती लेकर आता है। यही काँटे वह चुनौती हैं। अगर आप सोचते हैं कि आप काँटों को काट-छाँट कर गुलाबों को बचा लेंगे, तो भी वे काँटे आपके हाथों को जख्मी तो करेंगे ही। महात्मा गांधी का चित्र जब मैं देखती हूँ, तो मेरा दिल-दिमाग प्रदोलित हो जाता है। इस देश को महात्मा गांधी के अलावा और किसी आदर्श की ज़रूरत नहीं है। अगर हम उन्हें समझ लें, तो बहुत-सी समस्याएँ हल हो सकती हैं। गांधी जितने प्रासंगिक आज हैं, उतने पहले कभी न थे। उन्होंने कभी हार नहीं मानी। भारतवर्ष का एक-एक व्यक्ति गांधी है और अगर नहीं है तो हर कोई उस प्रक्रिया के तहत अपनी नियति और विचारधारा को एक स्वरूप नहीं देता, तो भारतीय दंड संहिता के तहत वह विश्वासघात कर रहा है।

आज बड़े-बड़े स्कूलों में बड़े घरानों के बच्चे पढ़ते हैं। उनके पास हर सुख-सुविधा है। नियति ने उन्हें हर ऐशो-आराम उपलब्ध करवाया है। ये बच्चे देश को क्या लौटाने वाले हैं ? जमुना पुश्ता में मैं कच्ची बस्ती के 750 बच्चों को निःशुल्क शिक्षा सुविधाएँ दे रही हूँ। इनमें से अधिकांश के पास वर्दी या किताबें-कापियाँ खरीदने के लिए पैसे नहीं हैं। ये बच्चे भी तो आखिर इस दुनिया में जनमे हैं लेकिन उनकी किस्मत में वह कच्ची बस्ती लिखी थी। वह भी तो जीते हैं।

मेरी माँ से पूछकर देख लो, मैंने कभी जेब खर्च नहीं लिया न माँगा। मैं पैसे से दूर रहना पसंद करती हूँ। अगर मेरे पास पैसे होंगे, तो मेरा वक्त बरबाद होगा और वक्त की यह बरबादी यह खर्च मैं सह नहीं सकती हूँ। अगर मेरे पास पैसे नहीं होंगे, तो मेरे वक्त का दुरुपयोग संभव ही नहीं है। न तो मुझे अतिरिक्त खान-पान चाहिए, न ही मुझे कुछ खरीदना है। मुझे अपने धन की रक्षा करने की ज़रूरत नहीं है, क्योंकि मेरा धन कोई चुरा नहीं सकता। आप पूछते सकते हैं कि रुपया-पैसा तो सभी को चाहिए। वह तो हमारे पास होगा ही, पर्याप्त मात्रा में होगा, लेकिन उस पर निर्भर रहना ज़रूरी नहीं है। मेरे पास धन है लेकिन मैं उस पर निर्भर नहीं हूँ। अगर किसी कारण मैं उस धन को खो बैठती हूँ, तो मैं किसी-न-किसी तरीके से उसे फिर पा लूँगी। मैं धन की गुलाम नहीं। मैं धन की गुलाम बनना नहीं चाहती हूँ।

आज की पीढ़ी की सबसे बड़ी त्रासदी है कृतज्ञता। जो हमारे पास नहीं है।

हम उसी की कामना करते हैं जो है। उसके लिए एहसानमंद होना हमें याद नहीं रहता। संगठन और वक्त की कीमत मैं बहुत पहले बचपन में समझ गई थी। मुझे यह भी पता चल गया था कि इस दुनिया में कुछ भी आसानी से उपलब्ध नहीं होनेवाला है। मैंने तभी कृतज्ञता का अर्थ समझ लिया था। आज मैं इसे त्रासदी इसलिए कह रही हूँ, क्योंकि जो नहीं उपलब्ध हुआ हम उसी के लिए तरसते हैं—उसके लिए एहसानमंद नहीं होते जो प्राप्त हो गया। यह बीमारी पूरे देश को निगल रही है। सरकारी सेवा में भी जो कुछ एक सामान्य व्यक्ति को चाहिए, वह हमें उपलब्ध रहता है। लेकिन चाहत और भूख नहीं मिटती। तभी तो जो है उसे भूल जाते हैं। इस पतन की प्रक्रिया कहाँ शुरू हुई ? बहुत पहले। मैं कृतज्ञता की बात धन-दौलत, सुख-सुविधा के संबंध में नहीं कर रही। यह एक चरित्र है। जिस दिन लड़कियाँ कृतज्ञता महसूस करने लगेंगी, उस दिन से लड़के भी एहसानमंद हो जाएँगे। तब हमें एक भी वृद्धाश्रम या निवास की ज़रूरत नहीं रहेगी।

गत वर्ष मैं जिनीवा में मानव अधिकार आयुक्त से मिली, तो वह मेरी बात सुन कर अवाक् रह गए। मैंने उनसे कहा, 'पूरे विश्व में मानव अधिकार आयोग सक्रिय हैं। क्या हम एक मानव कर्तव्य आयोग नहीं गठित कर सकते ? क्या यह महत्त्वपूर्ण नहीं है ? जिस पल आप कर्तव्य की बात करते हैं, उस पल आप किसी के अधिकार की रक्षा करते हैं। क्यों नहीं हम सकारात्मक रवैया अपनाते ?' अगर आपका व्यवहार अहिंसक है तो आप हिंसा के एक शिकार को बचा लेते हैं। अगर आप सच बोल रहे हैं, तो आप किसी एक को धोखा करने या झूठ बोलने से बचा लेते हैं। यह तो वरिष्ठ नागरिकों के अधिकार की इतनी चर्चा है, यह नकारात्मक दृष्टिकोण है। अगर हम मानवीय कर्तव्य पर अपना ध्यान केंद्रित करना शुरू कर दें, तो पूरी संस्कृति ही बदल जाएगी। सोने से पहले खुद से पूछना चाहिए—क्या यह दिन और बेहतर तरीके से बिताया जा सकता था ?

जब मैंने पहली बार अपने कॉलेज में वाद-विवाद के लिए नाम लिखवाया, तो कई छात्रों ने मेरा मजाक उड़ाया था। जब मैं मंच पर पहुँची तो तैयार किया अपना भाषण मैं भूल गई। लेकिन मैं लौटी थी मंच पर, बार-बार लौटी थी। तब मेरा मजाक उड़ानेवालों ने कहा था, 'काश हमने किरण का साथ दिया होता।' उनके पास इच्छाओं की लंबी सूची है। मेरी सूची में एक भी कामना, एक भी चाह नहीं है। मैं जब कोई कामना करती हूँ, तो मैं उसे पूरा करती हूँ। बेशक वह कामना तर्कसंगत और उचित होनी चाहिए। मैंने कभी कल के लिए समय सारणी नहीं बनाई। टाइम टेबल सिर्फ आज के लिए बनाया जाता है। आज का काम आज ही करके

देखिए। हमारे चारों ओर औसतन, सामान्य लोगों का अंबार है। हमारा भविष्य आज की युवा पीढ़ी के पास है। हमारे नेता औसत और सामान्य लोग हैं, लेकिन उन्हें लंबे समय तक हमेशा तो हम पर शासन नहीं करना है। अगर कभी मुझे इतना अधिकार मिला तो मैं विश्वासघात करने को एक अपराध घोषित करवा दूँगी। जो लोग देश के संसाधन नष्ट करते हैं, वे विश्वासघाती हैं। मैं विदेशों में जाती हूँ, तो भारतीय पूछते हैं, हम अपने देश के लिए क्या कर सकते हैं ? मैं उन्हें कहती हूँ, जिन्हें कुछ करना होता है, वे प्रश्न नहीं पूछते। अपनी जमीन पर चल कर देखो आपको खुद-ब-खुद पता चल जाएगा कि आप अपनी मातृभूति के लिए क्या कर सकते हैं, अगर आज युवा पीढ़ी विदेश उन्मुख हो गई है, तो क्या हुआ ? वह वहाँ रह कर दो मातृभूतियों की सेवा कर सकते हैं। वहाँ रह कर भारत की अधिक सेवा हो सकती है।

स्त्री शक्ति का उदय

90 के दशक में पुरुषों में परिवर्तन आया है। अब वे अधिक सजग हो गए हैं और विभिन्न भूमिकाएँ निभा रहे हैं। ऐसा महिलाओं में आए बदलाव के फलस्वरूप हुआ है। वह अब खुद को गौण नहीं समझती हैं, न ही अधीनस्थ भूमिकाएँ निभा रही हैं। हर क्षेत्र में महिलाएँ विशिष्ट भूमिकाएँ निभा रही हैं, क्योंकि आज की औरत अधिक सक्षम हो गई है। इसलिए आज का पुरुष तानाशाही नहीं चला सकता।

आज स्त्री-पुरुष संबंध पहले की तरह लिंग पर आधारित नहीं हैं। आज स्त्री-पुरुष संबंध समझदारी से बनाए जा रहे हैं और अगर ऐसा नहीं है, तो कम-से-कम होना चाहिए। सच तो यह है कि कोई भी इंसान संपूर्ण नहीं होता। तो फिर बेचारे पुरुष से ही क्यों उम्मीद की जाती है कि वह एक आदर्श पुरुष या पति बने ? मेरी निगाह में एक आदर्श पुरुष, परिपूर्ण पुरुष वह होता है, जो बेहतरी के लिए प्रयास करता है—एक ऐसा पुरुष, जो हर संदर्भ में जीवन और संबंधों में सकारात्मक योगदान दे सके।

एकाएक हमारे देश में विश्व सुंदरी प्रतियोगिता को एक नया आयाम दे दिया गया है। वैसे तो मैंने अपने स्कूल और कॉलेज के दिनों में हमेशा ऐसी प्रतियोगिताओं का विरोध इनमें भाग न ले कर किया है। हर काम करने से पहले औरत को अपनी मान-मर्यादा को ध्यान में रखना चाहिए। हमारे समाज का सही विकास तब ही होगा, जब हम तन की सुंदरता की जगह मन की सुंदरता पर ध्यान देने लगेंगे। जितना धन व समय नष्ट कर के लड़कियाँ इन प्रतियोगिताओं के माध्यम से प्रसिद्धि हासिल करती हैं, उतने में तो वे एक बढ़िया-सी योजना बना कर नाम कमा सकती हैं।

यहाँ सवाल नारी मुक्ति या नारीत्व का नहीं उठता है। सवाल सीधे-सीधे हमारे निजी सांस्कृतिक नैतिक मूल्यों का है। आखिर इस तरह की प्रतियोगिताओं के पीछे उद्देश्य तो व्यावसायिक लाभ ही होता है न ! या फिर विज्ञापन कंपनियों द्वारा अनेक चीजों का प्रचार-प्रसार। आखिर ऐसा क्यों किया जाता है ? क्या आज की औरत--कम-से-कम वह औरत या युवती, जो इस तरह की प्रतियोगिताओं का हिस्सा बनती है--जानती है कि इसी धन के माध्यम से हम कितने-कितने सकारात्मक सार्थक काम कर सकते हैं। ऐसे काम, जिनके माध्यम से एक की नहीं, अनेक शोषित, पद-दलित लोगों की जिंदगी सुधारी जा सकती है।

जब तक औरतें निर्णय लेने की क्षमता और आत्मविश्वास विकसित नहीं कर लेतीं, तब तक वे आँचल में मुँह छुपा कर रोती ही रहेंगी। और, निर्णय लेने की आदत उन्हें बचपन से ही डालनी होगी।

मैं भारतीय नारी से काफी निराश हूँ। जब उसमें एक महत्त्वपूर्ण भूमिका निभाने की क्षमता है, तो वह क्यों झिझकी-सी, सीमित-सी रहती हैं ? यह सच है कि आज दहेज और सती विरोधी कानून बन चुके हैं। लेकिन हमारा यानी औरतों का नज़रिया नहीं बदला है। आज भी सास कहती है, अपने मायके को भूल जाओ। अपनी बेटी को वही सास यह सलाह नहीं देती। क्यों ? इन्हीं दृष्टिकोणों के कारण परिवार, समाज और अंततः औरत कमज़ोर होती जाती है।

मेरा जन्म 1949 में हुआ था। तब भी लड़की को एक दायित्व माना जाता था और आज भी। कुछ भी तो नहीं बदला है। आज भी भद्र समाजों में लड़की को सिर्फ एक ज़िम्मेदारी के नज़रिए से देखा जाता है। आज कितने लोगों को मालूम है कि वर्ष 1990 से 2000 तक अंतर्राष्ट्रीय स्तर पर बालिका दशक मनाया जा रहा है।

जब मैं बहुत छोटी थी, तब भी मैंने देखा था कि बेटों को बेहतर और पौष्टिक भोजन खिलाया जाता था। तब भी और आज भी माना जाता है कि बेटे बड़े होकर परिवार का भरण-पोषण करेंगे, संभरण करेंगे। तभी मैंने फैसला कर लिया था कि मैं अपने माँ-बाप के भरण-पोषण में किसी बेटे से पीछे नहीं रहूँगी।

मैं चाहती हूँ कि सब युवक अपनी माँ और बहनों को उतना ही मान-आदर दें, जितना वे अपने पिता को देते हैं। सब युवा लड़कियों से मैं कहना चाहती हूँ कि वे अपनी बात पुरुषों तक कुछ यों पहुँचा दें कि हम बराबर के भागीदार हैं। वह अपने माता-पिता को इतना तो समझा ही सकती हैं कि हम औरतें सिर्फ बच्चे पैदा करने के लिए नहीं बनी हैं। दरअसल, समस्या तो हमारी प्रौढ़ पीढ़ी से है। ज़रूरत

उनका नज़रिया बदलने की है। आज की लड़की के सामने यह सबसे बड़ी लड़ाई है, जिसे उसे जीतना ही है।

कन्यादान जैसी परम्पराओं का अंत होना चाहिए। औरतों के प्रति होनेवाले क्रूर व्यवहार की रोकथाम के लिए महिला संगठनों को और भी अहम भूमिका निभानी होगी। पुलिस पर अपनी निर्भरता कम करते हुए स्वयं चुनौतियों का समाना करना ज़रूरी है। बेशक पुलिस भी बदल रही है, लेकिन अपनी शिकायतें औरतों को हमेशा लिखित रूप में देनी चाहिए और मामला दर्ज करा कर हमें उसे भुला नहीं देना चाहिए। पुरुष और नारी दोनों ही बेहद लालची होते हैं, लेकिन क्योंकि आम तौर पर पुरुष इतना व्यस्त होता है, इसलिए वह औरतों के मुकाबले इस ओर कम ध्यान देता है। औरतें एक आरामदेह सुस्थिर जीवन बिताने के लालच में बिना सोचे-समझे विवाहित जीवन में प्रवेश कर जाती हैं। जब वे माँ बनती हैं, उस वक्त क्या वह मातृत्व के लिए तैयार होती हैं ? अकसर नहीं। और कुछ नहीं तो औरत को अपने आत्मसम्मान की रक्षा हर कीमत पर करनी ही चाहिए।

अव्वल तो हमारी कानूनी व्यवस्था ही कुछ ऐसी है कि अंतहीन वक़्त बरबाद होता है। गरीब आदमी आम तौर पर कोर्ट-कचहरी के चक्कर में पड़ता ही नहीं है। इसके साथ वहाँ जो गुजरती है, वह एक खौफनाक अनुभव होता है। लेकिन जो दुर्गति गरीब औरत की होती है, न्याय के चक्कर में उसे जो कुछ सहना पड़ता है, उसे सिर्फ औरत ही जानती है।

बावजूद अनेक प्रयासों के पचास साल बाद भी आज़ाद भारत में अंग्रेजों द्वारा बनाए गए कानूनों का संशोधन नहीं किया गया है। अमीर आदमी तो पैसे के बल पर प्रतिकूल को भी अपने अनुकूल बना लेता है, लेकिन यथास्थिति का सबसे ज़्यादा खमियाज़ा गरीब तबके के आदमी और उससे भी अधिक गरीब औरत को भुगतना पड़ता है। हम निर्दोष को न्याय दिलवाने की बात करते हैं, लेकिन पूरी प्रणाली न्यायपूर्ण कम और आपराधिक अधिक होती है। क्या यह इस प्रणाली का खौफ़ नहीं कि आज भी आम भारतीय थाना-कचहरी से डरता है ?

मैं औरतों को घर-परिवार तोड़ने की सलाह नहीं दे रही हूँ। वही तो समाज की आधारशिला हैं। इन्हीं औरतों के बलबूते पर घर टिके हैं। पुरुषों का यह प्रथम कर्तव्य बन जाता है कि वे औरतों को मान-सम्मान देते हुए उन्हें अपनी भूमिका कुछ यों निभाने दें कि विद्रोह या विस्फोट की स्थिति ही न उत्पन्न होने पाए।

कितनी अजीब बात है कि आज का पुरुष अपनी बेटी को तो मुझ जैसी बनाना चाहता है, लेकिन अपनी पत्नी को नहीं। पिता के रूप में पुरुष सुरक्षित महसूस करता

है, लेकिन पति के रूप में असुरक्षित क्यों ? मैं समानता और न्याय में विश्वास रखती हूँ।

मेरा स्त्री होना कभी भी मेरे रास्ते में अवरोध नहीं बन पाया। मैं वह उपलब्धि प्राप्त नहीं कर सकती, जो मर्द कर सकते हैं—मेरे मन से यह विचार तो उस समय ही गायब हो गया था, जब मैंने एम.ए. पास करके 1972 में एशियाई महिला लान टेनिस प्रतियोगिता जीती थी। पुलिस अकादमी में भर्ती होने के पश्चात् देश में भारतीय पुलिस सेवा की पहली महिला सदस्य बनने पर मेरा उत्साह इतना बढ़ गया कि मैं कुछ करके दिखाने के लिए उतावली हो गई और तुरंत किसी अवसर की तलाश में लग गई। दिल्ली में नियुक्ति के पश्चात् गरीबी रेखा से नीचे जीवन व्यतीत कर रहे लोगों का जीवन स्तर देखकर मेरे मन में दबी समाज सेवा की भावना जाग उठी। भिखारियों, लावारिस बच्चों, अपंग लोगों की सहायता तथा व्यवसाय आरंभ करने के लिए ऋण दिलवा कर मुझे बहुत प्रसन्नता हुई और खतरनाक काम अपने हाथ में लेने के लिए संघर्ष करना मेरा शौक बन गया।

मेरे सपने…मेरी कल्पनाएँ…सच कहूँ तो मेरे साथ ऐसा कुछ नहीं है। मैं कभी भी कल्पना या सपनों की दुनिया में नहीं जीती। मेरी सोच कल्पनाओं या सपनों पर आधारित न होकर बड़ी यथार्थवादी है। मैं यथार्थ में जीती हूँ, भविष्य के लिए मेरे पास सपने तो नहीं, हाँ मंजिलें या लक्ष्य अवश्य हैं। लेकिन उनके बारे में स्पष्ट रूप से कुछ कह पाना बड़ा मुश्किल है। हाँ, पुलिस सेवा में जब से जुड़ी, तो यह सोच जरूर लेकर आई थी कि समाज में होनेवाले अपराध को रोकने या कम करने में कुछ-न-कुछ अवश्य करूँ, साथ ही समाज में आम लोगों के साथ खुद को जोड़ कर चल सकूँ। इसलिए मेरे लक्ष्य या प्रयास जो कुछ भी रहे हैं, वे मूल रूप से कहीं-न-कहीं दो चीज़ों से ज़रूर जुड़े रहे हैं।

भविष्य को लेकर मेरी जो सोच है, वह भी कोई दीर्घकालिक योजनाओं के तहत नहीं है, क्योंकि ऐसा कर पाना संभव ही नहीं है। वह इसलिए क्योंकि अव्वल तो न तो यह मेरे व्यक्तित्व में है और न ही मेरे कार्यक्षेत्र की प्रवृत्ति में इसकी कोई संभावना है। हमारा क्षेत्र अनिश्चितताओं से भरा है। आज हम यहाँ हैं, कल न जाने कहाँ होंगे—ऐसे में दीर्घकालीन योजनाओं पर काम करना मुश्किल होता है। इसका मतलब यह नहीं कि इस तरह के काम ही नहीं होते। मेरे साथ सबसे बड़ी चीज़ यह है कि मेरी सोच रोजमर्रा की समस्याओं, ज़रूरतों या चीज़ों से तय होती है। यही चीज़ें मेरे लिए समय विशेष का लक्ष्य बन जाती हैं। रोज़मर्रा के जीवन में घटनेवाली घटनाओं के आधार पर ही मैं तय करती हूँ कि क्या होना चाहिए और मुझे क्या

करना है। आज मैं जो कुछ भी थोड़ा-बहुत कर पाई हूँ वह किसी सोची-समझी योजना के तहत नहीं हुआ, बल्कि समय की जरूरत और सामने आई चीज़ों में से हल निकालने के फलस्वरूप हुआ।

भविष्य के लिए पहले से कुछ योजना बनाना मेरे स्वभाव में ज्यादा नहीं है। विद्यार्थी जीवन में मैं अच्छी टेनिस खिलाड़ी थी। कई मेडल जीते, साथ ही पढ़ाई में भी अव्वल रही। खेल में तमाम मेडल जीतने के बाद भी कभी विश्व चैम्पियन बनने का ख्वाब नहीं देखा तब भी मैं बतौर शौक टेनिस खेलती थी, जो शौक आज भी है, लेकिन उससे ज़्यादा कुछ नहीं।

लोगों के लिए कुछ करना मुझे अच्छा लगता है। इसलिए मैं दो संस्थाओं नवज्योति नशा मुक्ति केंद्र (नशीले पदार्थों की लत छुड़ाने के लिए) तथा इंडिया विजन (कैदियों की स्थितियाँ सुधारने और उनके पुनर्वास के लिए) से पिछले कई सालों से जुड़ी हूँ।

वैसे मैं यह बात बहुत ज़ोर दे कर कहना चाह रही हूँ कि हमारी वृद्ध महिलाएँ दोनों अच्छी और बुरी परंपराओं को एक निरंतरता, एक स्थायित्व प्रदान करती हैं। इसमें सबसे अधिक दुखदायी है लिंग भेद की अमरता। आज वे बेटों-बेटियों और बहुओं के लिए अलग-अलग मापदंड रखती हैं। वह आज भी दहेज माँगों का फैसला करती हैं। पुरुष क्या करते हैं ? वह बस अपने पैर छुआ कर आशीर्वाद देते हैं। अपनी पत्नी के शासन और वर्चस्व के प्रति अपनी बेबसी ज़ाहिर कर देते हैं। इसीलिए आज स्त्री-पुरुष संबंधों में मिठास कम और शक्ति के लिए संघर्ष अधिक हो गया है। क्या वृद्धावस्था का यह अर्थ है कि वह घर में तनाव फैलाए या यह कि वह अपने गुणों सहित परिवार के विकास में योगदान दे ? जब घर में कोई वृद्ध कुछ भूल करता है, तो वह एक बोझ बन जाता है। घरों को बचाने के लिए मदद की ज़रूरत पड़ती है। क्या गलत है और क्या सही, इसका विवेक पैदा करना होता है। लेकिन स्थिति में सुधार के लिए यह बहुत ज़रूरी है कि भूमिकाओं में आए बदलाव को स्वीकार किया जाए—समझा जाए। अब कोई दूसरा या दूसरी परिवार की अध्यक्षता करेगा या करेगी। आख़िर कोई तो सँभालेगा घर परिवार।

आखिर दादी क्यों देखभाल करे बच्चों की ? आप तो बच्चों की देखभाल तभी करेंगी, अगर आपको उनसे प्रेम है, स्नेह है। क्या आप नानी के रूप में अपनी बेटी के बच्चों की देखभाल नहीं करती हैं ? तो फिर बहू के बच्चों के लिए क्यों नहीं ? इतना ही नहीं, दादा या नाना क्यों नहीं मदद करते ?

इस देश की शत-प्रतिशत महिलाएँ शक्तिशाली बन सकती हैं। लेकिन उससे

पहले हमें पूरे देश को शत-प्रतिशत साक्षर बनाना होग। मैं कोई मतवादी नहीं हूँ, लेकिन ये दोनों लक्ष्य तीन साल के अंदर प्राप्त किए जा सकते हैं। ज़रूरत है तो सिर्फ तीन बातों की। पहली, 10+2 के बाद युवा छात्रों के लिए समाज सेवा अनिवार्य होनी चाहिए। दूसरी वरिष्ठ नागरिकों का स्वयंसेवी कार्यक्रमों में स्वागत किया जाए। और तीसरी, सरकार को चाहिए कि वह एक न्यासी के रूप में काम करे।

तिहाड़ जेल में मैंने सिर्फ एक काम किया। बंदियों को मानवीय मान-मर्यादा का एहसास दिलाया, उन्हें अपने अंदर छुपी अच्छाई का एहसास करवाया। मैंने उन्हें यह एहसास भी करवाया कि हर संत-महात्मा का एक भूतकाल होता है और हर कैदी का एक भविष्य। मैंने उन्हें यह भी समझाया कि हम उनके चौकीदार नहीं हैं, हम उनके संरक्षक हैं, अभिभावक हैं। आपने बहुत बुरा वक़्त देखा है, आइए एक नई शुरुआत करें। भविष्य की ओर कदम उठाएँ।

जीने के कुछ सूत्र

वक्त मुझ पर लाठी चार्ज नहीं कर सकता है। मेरे लिए हर एक पल एक अवसर है। अवसरों की तलाश मुझे करनी नहीं पड़ती, वे खुद-ब-खुद मेरी झोली में आ गिरते हैं। उत्कृष्ट उत्पादन के लिए हमारे पास बहुत ही सीमित समय है, इसलिए मैं समय की कीमत समझती हूँ, उसका आदर करती हूँ। मैं समय के पीछे नहीं, बल्कि आगे-आगे भागती हूँ। जब मैं छात्रा थी, तब भी टेनिस, एन.सी.सी., शिक्षा-दीक्षा और अन्य गतिविधियों के माध्यम से मैं व्यवस्था से जूझी हूँ। व्यवस्था को आखिर लोग ही तो बनाते हैं और व्यवस्था लोगों के लिए होती है। लोग ही उसे एक 'संस्कृति' देते हैं। मैं जन विरोधी व्यवस्था में जकड़ी भी जाती हूँ, फिर भी जानती हूँ कि व्यवस्था का ही विकास कार्यों को एक रूप देना है। उसे चलाने, रास्ता दिखाने में मेरी अटूट आस्था है। सरकार एक मिशन है, एक जीवन लक्ष्य है, ड्यूटी या कर्तव्य नहीं है। मैं मानती हूँ कि जो समय की कीमत नहीं समझते, उन्हें समय ही पीट देता है।

समय का सदुपयोग मैं खुद तो करती हूँ, साथ-साथ अपने साथ काम करनेवालों से भी करवाती हूँ। बंदियों के समय को कैसे उत्पादक तथा रुचिकर बनाया गया, यह सर्वविदित है। लोग कहते हैं, मैंने तिहाड़ को एक आरामदेह मेहमानखाना बना दिया था। क्या कोई भी जेल सुखद स्थल बन सकती है ? कभी नहीं। मैंने तो सिर्फ इतना ही किया कि बदकिस्मत कैदी अपना वक्त बरवाद न करें। वक्त मेरे लिए सबसे मूल्यवान चीज़ है, इसे बरवाद नहीं किया जाना चाहिए।

सबसे महत्त्वपूर्ण है वह मान-मर्यादा और गरिमा, जो आपके भीतर छिपी है। सौभाग्यवश यह मेरे पास बचपन से ही रही है। मैं भगवान से प्रार्थना करती हूँ कि यह निधि अंत तक मेरे पास रहे। मान-मर्यादा का अर्थ क्या है ? इसका अर्थ है

व्यक्ति का विकास, मैं अपने भीतर छुपी औरत या पुरुष की बात नहीं कर रही, उस नारीत्व की बात कर रही हूँ जो मुझे यह बताता है कि मैं कौन हूँ, क्या हूँ, मैं क्या बनना चाहती हूँ, मैं जाना कहाँ चाहती हूँ, और क्यों जाना चाहती हूँ। यह प्रशिक्षण मुझे मेरे पिता जी ने टेनिस कोर्ट में और माँ ने घर पर दिया। उन्होंने इस सोचे-समझे प्रशिक्षण के माध्यम से मुझे गरिमामय नारी बनाया। मेरे लिए इसका अर्थ था चुनौतियों का सामना करना और परिणाम—चाहे वे अच्छे हों या बुरे—का आदर करना। मेरे लिए इसका अर्थ था निर्णय लेना, परिणामों को भोगना। इनाम तो बाँटे जा सकते हैं, सजाएँ अकेले ही सहनी पड़ती हैं। मेरे लिए मान-मर्यादा-गरिमा के यही मायने थे। आज युवा मुझसे पूछते हैं कि हम यह करें या वह और हमें स्वीकृति न मिली, तो क्या होगा ? मैं उनसे हमेशा यही कहती हूँ, 'खुद से पूछो, जो भी आप कर रहे हो, क्या उसमें आपको विश्वास है। अगर है तो रुकने की ज़रूरत नहीं। अगर हम चाहते हैं कम-से-कम भुगतना पड़े, तो भूलें भी कम-से-कम करो। भूल तो सभी से होती है, क्योंकि हम इंसान हैं। यह गरिमा और मान-मर्यादा है जो मुझसे कम-से-कम गलतियाँ करवाती हैं।'

जब मैं छोटी थी, तो सक्रिय रहने के लिए बाध्य महसूस करती। फिर व्यावसायिक, आर्थिक और समय के बाध्य करनेवाले कारण मुझे घेरे रहते। लेकिन एक उम्र पार कर लेने के बाद ये बाध्यताएँ कम होती जा रही हैं। लेकिन इन दो स्थितियों में एक चीज़ साक्षी है और वह है मन के भीतर छिपी सजीवता, उत्साह और ओज।

गरिमा, मान-मर्यादा को प्राप्त करने की प्रक्रिया अंतहीन है। इसके लिए आपको अपने और अपने कर्म पर गर्व होना बेहद ज़रूरी है। बिना किसी लालच के सबके हित को मद्देनज़र रख काम करिए, फिर देखिए कितनी गरिमा आपके भीतर जन्म लेगी।

प्रकृति की रचना सत्व, रजस और तमस के मिश्रण से हुई है। किसी भी व्यक्ति को सक्रिय रह कर ही शांति प्राप्त हो सकती है। निष्क्रिय रह कर यह प्राप्ति संभव नहीं है। जेल में प्रकृति किसी से भेदभाव नहीं करती। सभी को वही 24 घंटे मिलते हैं—चाहे आप बंदी हैं या पढ़ाई कर रहे हैं या फिर अपना सेवाकाल पूरा कर चुके हैं। किसी को 48 या 22 घंटे नहीं मिलते। सबसे महत्त्वपूर्ण बात है हम इन 24 घंटों का उपयोग कैसे करते हैं। हम क्या सोचते हैं, क्या योजनाएँ बनाते हैं, हम क्या करते हैं। इन 24 घंटों को हम मानसिक और शारीरिक स्तर पर एक स्वस्थ तरीके से, किस प्रयोजन से कैसे बिताते हैं। हमारे कड़ी मेहनत करने के अलावा

और भी विकल्प होते हैं। हम त्रुटियाँ निकाल सकते हैं अपने जीवन में या फिर अवसरों को खो सकते हैं। हम यह सावधि या चालू खाता खोल सकते हैं। हम सबके पास. बैंक में खाता होता है, उस खाते में भले रुपए न हों, वक़्त ज़रूर होता है। दिवालिया वही होता है जो अपने वक़्त की कीमत नहीं जानता। जब मैं अपने भीतर झाँकती हूँ, तो मुझे हमेशा किसी भी स्थिति से निपटने के लिए चार विकल्प नज़र आते हैं। वह एक पल बेहद महत्त्वपूर्ण होता है।

जो लोग सही विकल्प का फैसला कर पाते हैं, वे ज्ञान प्राप्त कर लेते हैं। ज्ञान से मिलती है खुशी, सुख। आराम से क्षणिक खुशी मिलती है, तो अर्जित ज्ञान के कारण स्थायी। जब हम कोई अच्छी किताब पढ़ लेते हैं, किसी संत या महान् शिक्षक की वाणी सुनते हैं, तो उस समय अर्जित ज्ञान आपको आगे बढ़ने के लिए प्रेरित करता है।

सबसे महत्त्वपूर्ण है—हम बढ़ती उम्र से कैसे निपटते हैं। हमारे पास जो भी है, वह एक निधि है। नियति और भगवान ने ही तो दिया है सब कुछ, जो मेरे पास नहीं, उसे गिनने का क्या लाभ ? खुद पर तरस खाने का क्या लाभ ? यह कहने का क्या लाभ कि मैं तो बूढ़ी हो गई, मैं कुछ नहीं कर सकती हूँ, घुटनों में दर्द है ? क्या कहा, पीठ में दर्द है ? अच्छा पेसमेकर लगा है, तो क्या हुआ जिंदा तो हैं न ! अगर आपको हार्टअटैक हुआ है, तो लोग ज़रूर पूछेंगे, 'कैसे हैं ?' बेहतर उत्तर तो यही होगा, 'बिल्कुल ठीक, हाँ हुआ था हार्ट अटैक, लेकिन अब मैं स्वस्थ हूँ। भगवान के दिए एक-एक दिन के लिए मैं आभारी हूँ। हर दिन मैं खुश रहूँगा और दूसरों को खुशियाँ दूँगा।' मैं अगर बीमार हूँ तो भुगतना तो मुझे ही है न। मुझे जिंदा रहना है तो मुझे ज़िंदा रहने का दृढ़-निश्चय तो करना ही होगा। मुझे प्रार्थना करनी होगी, मुझे डॉक्टर द्वारा दिए गए आदेशों का पालन करना ही होगा। मुझे खुशियाँ बाँटनी ही होंगी।

पुपुल जयकर जब बीमार थीं तो वह ई.सी.जी. पर उठ-गिर रही लकीरों को देखती रहती थीं। डॉक्टर ने देखा, तो डाँट कर कहा, 'मैडम, आपको मालूम नहीं कि आपकी हालत नाजुक है।' पुपुल ने डॉक्टर से प्रश्न किया था, 'आप क्या चाहते हैं कि मैं आँसू बहाऊँ ?' आखिर उन्होंने अपना पूरा जीवन आत्मलीन रहते हुए अपनी आत्मा को पहचाना था। इंग्लैंड के भूतपूर्व प्रधानमंत्री ग्लैडस्टोन 78 वर्ष की उम्र तक लकड़ियाँ काटा करते थे। बुढ़ापे की प्रक्रिया को सँभालने के लिए व्यस्त रहना ज़रूरी है। इस यात्रा को अनुभव करना महत्त्वपूर्ण है। मैंने तिहाड़ में बंदियों के साथ इस यात्रा को अनुभव किया है। हम एक साथ थे, इसलिए वे इस यात्रा को अनुभव

कर पाए। यहाँ सवाल प्रशिक्षण की कला का है। विपश्यना आपको शांति प्रदान करती है। साधना, योग, जागरूकता, मनन, चिंतन, सुबह की नियमित सैर से बड़ी मदद मिलती है। किसी ने मुझसे पूछा, आप प्रार्थना-पूजा और मनन कब करती हैं ? 'सुबह की सैर के दौरान'। हाँ, यह संभव है। दरअसल, मैं एक साथ दो काम करना पसंद करती हूँ। मैं बैठ कर पूजा-मनन नहीं करना चाहती। सैर के दौरान पूजा करते समय मैंने प्रार्थना की शक्ति अनुभव की है और मुझे अनेक प्रश्नों के उत्तर भी मिले हैं।

हमें सृजनात्मक गतिविधियाँ खोज लेनी चाहिए। बुत बने आप टी.वी. के सामने बैठे रहेंगे, तो आपका बनेगा क्या ? टी.वी. पर दिखाई जा रही फिल्में देख कर मिचली आने लगती है। मैं इन फिल्मों को क्यों देखूँ, इन्हें देख कर मुझे रोना आता है। मैं हँसना चाहती हूँ, खुश रहना एक बहुत जरूरी काम है। मन, शरीर, व्यवसाय, संग-साथ, अपनी सेहत की देखभाल करना और एक-दूसरे की साझीदारी कितने ज्यादा सृजनात्मक काम हैं, जो हम कर सकते हैं।

मैं और मेरा जीवन

मेरा दिन सुबह छह बजे शुरू होता है। एक कप चाय पीकर मैं सैर के लिए निकल जाती हूँ। एक घंटा सैर कर मैं एक कप दूध और कुछ फल खाकर अपनी दिनचर्या में जुट जाती हूँ। दोपहर का खाना हलका होता है। रात का खाना मैं जल्दी खाना पसंद करती हूँ। बस दाल-सब्जी, एक रोटी और थोड़ा-सा फल। मैं शाम की पार्टियों, बैठकों और दावतों में जाना पसंद नहीं करती और अगर जाती भी हूँ तो घर से खाना खा कर जाती हूँ। खाने के समय की दिनचर्या मैं किसी भी कीमत पर तोड़ना पसंद नहीं करती हूँ। सुबह-शाम-रात के खाने के बीच मैं कुछ भी लेना पसंद नहीं करती। शारीरिक रूप से 'फिट' रहने के अलावा मानसिक 'फिटनेस' बहुत जरूरी है। इसके लिए मैं अच्छा संगीत सुनना और टी.वी. पर अच्छे प्रोग्राम देखना पसंद करती हूँ। मेरी चुस्ती का एक ही राज़ है। मैं कभी खाली नहीं बैठती। काम के अलावा या तो मैं पढ़ती रहती हूँ या फिर लिखती हूँ। मुझे घूमने, नए-नए लोगों से मिलना बहुत पसंद है। साल के 365 दिन मेरी दिनचर्या एक समान रहती है। किसी भी कीमत पर मैं अपनी दिनचर्या को खराब नहीं होने देती हूँ। मजबूरी हो, तो अलग बात है, लेकिन अगर कोई चुस्त-दुरुस्त रहना चाहता है, तो ज़रूरी है कि एक दिनचर्या बनाई जाए और उसका पालन किया जाए। चुस्त-दुरुस्त रहने के लिए शांत स्वभाव बहुत ही सार्थक सिद्ध होता है। मेरी शारीरिक अवस्था का शायद यही रहस्य है।

मैं तो सबको यही सलाह देती हूँ कि हर किसी को अपनी पसंद का खेल चुन कर हर रोज खेलना चाहिए। बारिश हो या तूफान, खेलिए। तभी एक ऐसा व्यक्तित्व बनता है, जिससे हमारा संपूर्ण और चौतरफा विकास होता है। एक बार

खिलाड़ी बन कर देखिए, फिर यह ज़रूरी नहीं रह जाता है कि आपने कोई तमगा जीता कि नहीं। यहाँ सवाल सिर्फ प्रतिस्पर्धा का ही रह जाता है। हार-जीत की परवाह किए बगैर खेलना सीखिए। जितना स्वस्थ शरीर होगा, उतना ही मन भी। एक संपूर्ण चौतरफ़ा व्यक्तित्व खेलकूद के सहारे ही विकसित किया जा सकता है। अगर मैं पीछे मुड़ कर देखूँ, तो मैं जो भी हूँ, टेनिस कोर्ट की वजह से हूँ। मुझे कभी भी यह नहीं सोचना पड़ा कि मैं लड़की हूँ या लड़का। लोग पूछते थे कि तुम लड़की हो या लड़का ? तुम्हारी समस्या क्या है ? मैं ऐसा बहुत कुछ कर गुज़रती थी जो लड़के नहीं कर पाते थे। मैंने अपनी ऊर्जा को अभिव्यक्त करना सीख लिया था। वक़्त ज़रूरत अपना काम करवाना सीख चुकी थी। यह सब मैंने खेल के मैदान में सीखा था। एक अच्छा इंसान बने रहते हुए खेल का मैदान खिलाड़ी को साहसी और प्रसन्नचित्त बनाता है। मैं धीरे बोलूँ या ऊँचे, मैं स्पोर्ट्स में हूँ। आप खेलते हैं, आप चिल्ला सकते हैं, चीख सकते हैं, लेकिन आप खेलते हैं, तो आपको इसकी कोई परवाह नहीं करनी पड़ती कि आपकी शक्ल-सूरत कैसी है, आपके कपड़े कैसे हैं, आप चलते-भागते कैसे हैं, आप बातें कैसे और कैसी करते हैं। यही चीजें आपकी शक्ति बन जाती हैं, क्योंकि आप एक खिलाड़ी हैं। आप प्रयास और प्रतिस्पर्धा से कभी मुँह नहीं मोड़ सकते हैं।

जब मैं पंजाब विश्वविद्यालय, चंडीगढ़ में एम.ए. करने के लिए गई तो पहला काम था नोटिस बोर्ड पर यह देखना कि दाखिला मिला कि नहीं। 45 छात्रों को दाखिला मिलना था मेरा कद छोटा है, शेष सब लंबे-ऊँचे लड़के-लड़कियाँ थे। मैंने तो कह दिया था, क्या आप दूसरों को नतीजा नहीं देखने देंगे। बाद में मेरे सहपाठी अमर सिंह वधान ने एक लेख में इस निडरता या उनके शब्दों में साहस की चर्चा की थी। 1968 में वधान को लगा था कि मैं खुले विचारोंवाली लड़की हूँ।

एक घटना मैं कभी नहीं भूल सकती। विश्वविद्यालय में पुस्तकालय के मुख्य द्वार के सामने कुछ लड़के अपने वाहनों को खड़ा करके उन पर बैठे रहते थे तथा आने-जानेवाली लड़कियों पर अप्रिय टिप्पणियाँ फेंका करते थे। एक दिन मुझसे रहा नहीं गया। मैं पुस्तकालय में डॉ. जगदीशचंद्र शर्मा के पास गई और उनसे कहा कि वाहनों को खड़ा करने की अन्यत्र व्यवस्था कर दें। इसके बाद कोई कसैला अनुभव सुनने के लिए नहीं मिला। मेरे सहपाठी कहते हैं, वाहनों की सुव्यवस्था का अंकुर शायद उसी दिन मेरे भीतर आरोपित हो गया था।

जब मैं छात्रा थी, तो मैं शेक्सपियर की पुस्तक पढ़ती थी। आज मैं उपनिषदों की ओर अधिक आकर्षित हूँ। मैंने इन ग्रंथों को डॉ. एस. राधाकृष्णन के अनुवादों

में पढ़ा है। हाल ही में मेरी रुचि विवेकानंद की ओर झुकी है। मैं भगवान बुद्ध के बारे में काफी कुछ पढ़ रही हूँ। मुझे पुस्तकें हमेशा अपनी बेहतरीन मित्र नज़र आई हैं। मैं अकसर एक ही समय में दो किताबें पढ़ती हूँ। कुछ दिन पहले मैंने मार्गरेट थैचर की 'पाथ टू पावर' और राजमोहन गाँधी की 'द गुड बोटमैन' पढ़ी। मार्गरेट थैचर की रचना पढ़कर मुझे लगा कि वह जन्म से ही दूसरों से भिन्न थीं। उनका बचपन बेहद पारंपरिक ढंग से बीता, जिसके फलस्वरूप उन्होंने वक्त के प्रबंध का महत्त्व बखूबी समझा।

प्रबंध और निजी उन्नति विषयों पर लिखी पुस्तकें मुझे बहुत पसंद हैं। यह सच है कि मैं अपनी बहुत-सी दिक्कतें-समस्याएँ सुबह की सैर के दौरान हल कर लेती हूँ। वह मेरे लिए दिन का सबसे महत्त्वपूर्ण समय होता है। तनाव अगर हो, तो समाचार सुनना और समाचार पत्र पढ़ना सबसे अधिक महत्त्वपूर्ण दिनचर्या है। मेरे लिए पढ़ना एक ऐसा महत्त्वपूर्ण विषयांतर है, जो मुझे मेरे चारों ओर घट रही घटनाओं के प्रति जागरूक रखता है। समाचार पत्रों और पत्रिकाओं के अलावा मेरे दूसरे प्रिय विषय हैं आध्यात्मिक साहित्य, पुलिस और ऐसी पुस्तकें जो सकारात्मक आचार-व्यवहार से संबद्ध हों। जिन दो वकीलों ने मेरे विरुद्ध देशव्यापी हड़ताल की थी, वे मेरे लिए सबसे अधिक तनाव भरे दिन थे। उन दिनों मैं सोचा करती थी कि ज़्यादा-से-ज़्यादा क्या होगा ? मैं नौकरी से निलंबित कर दी जाऊँगी। फिर मैंने उस स्थिति के लिए स्वयं को तैयार करना शुरू कर दिया था।

मैंने संभावित विकल्पों पर अपनी निगाह टिकाई थी। मैंने उनके बारे में बहुत तफसील से सोच-विचार किया था। सबसे महत्त्वपूर्ण बात यह है कि अगर आप खुद नैतिक स्तर पर आश्वस्त हैं कि आप सही रास्ते पर चल रहे हैं, तो वह आस्था आपकी आधारशिला बन जाती है। यह मेरा विश्वास या फिर दृढ़ धारणा ही थी, जिसने उस संकटमय स्थिति से उबरने में मेरी मदद की।

मैं अपनी तकलीफ़ें, परेशानियाँ दूसरों से बाँटने में विश्वास नहीं रखती। मैं अपनी समस्याएँ खुद ही हल करना पसंद करती हूँ। जो लोग मेरे बहुत निकट हैं, उनसे तो मैं अपनी तकलीफें कतई बाँटना पसंद नहीं करती। हो सकता है कि मेरी समस्या तो हल हो जाए, मैं सामान्य हो जाऊँ, लेकिन वे विचलित रहें, सो उन्हें मैं तकलीफ देना पसंद नहीं करती।

मेरा बचपन खूब मौज-मस्ती भरा था। रिक्शे की गति से भाग पाना या फिर रिक्शे के हैंडल पर बैठ कर बस स्टॉप तक जाना इस मौज-मस्ती की शुरुआत थी। न जाने कैसे, पर मैं हमेशा व्यस्त रहती। गाना-बजाना, नृत्य, वाद-विवाद और बाद

में टेनिस में मेरा मन रमता था। घर के भीतर मैं सिर्फ खाना खाने या सोने या फिर पढ़ने के लिए जाती। शेष वक्त बाहर ही बीतता था। मेरा मन सिलाई-कढ़ाई-बुनाई में कतई न लगता। पंजाबी का सुलेख लिखना मुझे पसंद न था। मेरी टीचर काफी कोशिश करती कि वह मेरी मदद करें, लेकिन मैं यह सब सीखना ही न चाहती थी। पंजाबी के लिए 25 नंबर पाने जरूरी थे। मुझे कभी पाँच से ज्यादा नहीं मिले। शुक्र है, यह विषय ऐच्छिक था। तीन दफा मुझे स्कूल की छुट्टी के बाद सज़ा के तौर पर रोका गया। तीनों बार मैंने उन्हें कहा कि अगर मुझे रोका गया, तो मेरी आखिरी बस निकल जाएगी और मेरी माँ इंतजार में बैठी रहेगी। लेकिन इस तरह हर बार छूट जाने के बाद मैं घर न जाती। मैं सीधे नानी के घर जाती। स्कूल के लिए जो स्वेटर मुझे बुनना था, वह मैं नानी से बुनवाती। गणित के अलावा मैं कविता लिखना, कविता पाठ, भूगोल, अंग्रेजी और इतिहास में होशियार थी।

शरारती तो मैं बहुत थी, लेकिन मैंने अपनी पढ़ाई को कभी नज़रअंदाज़ नहीं किया। एक बार कक्षा में मौन रहने के लिए पुरस्कार घोषित किया गया। मैंने मौन रहने का एक अलग तरीका खोजा था। बिना बोले मैं इशारों से बातें करती रही और इनाम भी जीत लिया।

बाद में टेनिस मेरा समांतर जीवन बन गया। मेरे पिताजी की ही प्रेरणा और मार्गदर्शन के परिणामस्वरूप मैं क्षितिज तक पहुँच पाई। अगर मैं जीत जाती, तो वह बच्चों की तरह खुश हो जाते और हार जाती, तो साथ छोड़ कर चल देने को तैयार हो जाते।

बृज से मेरी दोस्ती और विवाह भी टेनिस के ही कारण हुआ था। हमारी शादी शिव मंदिर में हुई थी। वह अपने व्यवसाय के सिलसिले में अमृतसर में रहते हैं। मनमुटाव के बिना हम दोनों ने सोचा-समझा फैसला वैवाहिक जीवन के शुरू में ही ले लिया था। दूसरों की भावनाओं को वह खूब समझते हैं। बेदी साहब मेरे रास्ते में मेरे काम के रास्ते में कभी नहीं आए, मुझे ऐसे ही मित्र की जरूरत थी। हमारा दांपत्य जीवन गौरवमय है।

मेरे साथ विवाद हर वक्त जुड़े रहे हैं। पता नहीं कैसे और कब मेरी हर नियुक्ति के बाद एक तूफान-सा खड़ा हो जाता है। मैगसेसे अवार्ड मिलने पर बृज से पूछा गया कि कैसा लगता है ? वह बृज ही तो है, जिसने मुझे इतना आत्मविश्वास दिया। मैं समझती हूँ कि मेरी सफलताओं के पीछे बृज का बहुत बड़ा हाथ है। आखिर में बृज को भी अपने व्यक्तित्व का विकास करना था, अपनी जड़ें ढूँढ़नी थीं। पढ़ाई-लिखाई करनी थी। हम दोनों पंजाब विश्वविद्यालय में अपनी-अपनी एम.ए.

कर रहे थे—मैं राजनीतिशास्त्र में और बृज इतिहास में, हम सिर्फ सहपाठी थे। बृज उस रूप में भी मुझे जानते, पहचानते, समझते थे—यह बात तो मुझे भी बहुत बाद में पता चली। बृज ने मुझे हमेशा एक लड़ाकी, आक्रामक भूमिका निभाते देखा था। कोई भी समस्या या फिर मुद्दा विश्वविद्यालय में उभर आया, मैं कभी मूक दर्शक नहीं बनी। एक बार छात्रों की माँगें मनवाने के लिए मैंने उपकुलपति के कार्यालय के बाहर चटाई बिछा कर धरना दिया था। मैं ज़िद्दी, अड़ियल, हठी और सख्त-तबीयत की ज़रूर थी, लेकिन मैं उस चटाई पर धरना देते वक्त अपने आराम के लिए सिरहाना ले जाना नहीं भूली थी। बृज और मेरा मिलन दो ऐसे लोगों का मिलन है, जो एक-दूसरे की भावनाओं का मान-सम्मान करते हैं। हम दोनों दहेज या अन्य परंपराओं के विरोधी हैं। वह तो कभी घोड़े पर बैठकर बारात के साथ आने को तैयार न थे। हमारा विवाह एक मंदिर में बिना किसी तामझाम के संपन्न हुआ। विवाह से पहले मैं प्रशासनिक सेवाओं की परीक्षा दे चुकी थी। इंतज़ार था तो केवल परिणाम का। जब आई.पी.एस. में मेरे प्रवेश का विरोध गृह मंत्रालय तक कर रहा था और मैं सुप्रीम कोर्ट तक जाने की धमकी दे रही थी, तो वह सिर्फ बृज ही थे जिन्होंने मुझे सहारा और समर्थन दिया था। हमारा संग-साथ, हमारा प्रेम, हमारा अटूट बंधन, लोगों को अजीब लगता है। लेकिन यह हमारा निजी मामला है। जब मैं पुलिस प्रशिक्षण के लिए माउंट आबू में थी, तो हम एक दिन में एक-दूसरे को पाँच-पाँच खत लिखते थे या रात-रात भर फोन पर बातें करते थे।

मेरी सबसे बड़ी समर्थक और फैन मेरी सास थीं। वह तो बृज को अकसर कह देती थीं कि वह मेरे मुकाबले में टिक नहीं सकता है। जब उनका निधन हुआ, तो मैं अमृतसर से अपनी सास की निधि में से सिर्फ एक चीज़ लेकर आई थी और वह थी मेरी सास की ऐनक। बृज ने उत्कृष्ट सास पुरस्कार और प्रकाश बेदी निधि की स्थापना की है। मैं बेहद व्यावहारिक हूँ। मैं मानती हूँ कि नियति मेरी अपनी मुट्ठी में है, जो भी होगा वह मेरे कर्म के परिणामस्वरूप होगा। बृज अपने पुरोहित से पूछे बगैर कुछ भी नहीं करता है। वह खुद एक कलाकार है। पेंटिंग, फोटोग्राफी और कविताएँ लिखना बृज के शौक हैं। कविताएँ मैंने भी लिखी थीं 1971 में। लेकिन वह सब बृज ने अपने पास रखी हुई हैं। यह सरोज ही है जिसने अमृतसर बृज को फोन करके 1971 में लिखी मेरी कविताएँ दिल्ली मँगवा लीं उनमें से कुछ का भावार्थ यहाँ दे कर मैं अपनी बात समाप्त कर रही हूँ।

'मैं और मेरा जीवन' शीर्षक से एक कविता कुछ यों है : कुछ लोग कमाने के लिए और कुछ लोग मित्र बनाने के लिए लिखते हैं। कुछ प्रसिद्धि पाने के लिए

भी लिखते हैं। लेकिन मैं अभिव्यक्त करने के लिए लिखती हूँ।

जीवन की परिभाषा क्या है ?

मैं जब से जनमी हूँ, तब से मैं एक परिष्कृत श्रमिक हूँ। पढ़ना, लिखना, दौड़ना, खेलना यह सब मैं असीमित सीमा तक करती रही हूँ। परिणाम-उन्मुख रहा है मेरा हर कदम। मैंने हमेशा उच्चतम शिखरों पर नजरें टिकाई हैं। गतिरोधों को मैंने हमेशा संख्यात्मक माना है। मेरे लिए वक्त फुर्तीला पंख है। मुझे नहीं मालूम वह कब गुजर जाता है। मैं अपने काम में कितनी डूबी हूँ, फिर भी मैं थोड़ा-सा उभर जाती हूँ।

'शोलों से सावधान रहो' मेरी एक और कविता है : *यह एक कातिलाना ज्वाला है, यह तुम्हें जला देगी। इसे छूना मत। इस लौ से सब खेलना चाहते हैं, लेकिन ज़रा उस लौ का नाद तो सुनो, ज़रा देखो तो सही यह कितनी प्रेरणादायक है, और फिर भी क्षणिक ! पल भर में यह ज्वलन के कितने चरण चिह्न छोड़ जाती है। यह एक ऐसी लौ है, जिसके साथ सब रहना चाहते हैं। यह वह लौ है, जो रोशनी से भरी है, अनियंत्रित, अभिभूत भी करती है और पराजित भी, इसे आँसुओं से बुझाया जा सकता है।*

इसे दोबारा मत जलाना, अंधेरे का अपना स्वर्ग सुख है। कम से कम इसमें एक सच्चाई तो होती है, क्यों न दूसरों की रोशनी में जिया जाए। मेरे भगवान। अब तुम अपनी शमा मत जलाना, अब मैं उसकी गरमी सह नहीं सकती हूँ।

एक कविता मैंने 1971 को दिवाली के दिन लिखी थी। शीर्षक है 'बगीचा' उसकी पंक्तियाँ हैं : *भगवान धरती पर उतर आया है, अनेक रंगों में लिपटा ऊपर एक बादल के छोटे-से टुकड़े के पीछे सूरज छिपा बैठा है, दूसरे टुकड़े अपनी बारी के इंतजार में हैं। धरती पर उस सर्वशक्ति के अनेक रंग फैले हैं, चटख लाल, चमचमाता हरा पीला, गुलाबी, हवा में नाचती तितलियों, पक्षी एक सगुन भाषा में चहचहाते, बोलते, ढोलते, सर्वशक्तिमान के अवतरित होने के इंतज़ार में हैं । घास के तिनके हीरे-सी ओस से ढके आपके पैरों तले कुचले जाने के इंतज़ार में मौन बैठे हैं। मैं तुम्हारी सृष्टि के बीचोंबीच बैठी हूँ, उस सार को अपने भीतर समोती हुई जिसे तुमने आज़ाद छोड़ रखा है। तुम आओ तो इस ऊँचे लंबे राजसी पेड़ के नीचे बैठ मैं तुम्हें अपनी श्रद्धांजलि अर्पित करूँ।*

उस सर्वशक्तिमान के नाम मैंने एक कविता लिखी थी, जिसका भावार्थ है :

मेरे प्यारे भगवन्, मुझे मालूम है तुम सब जगह हो, सबके भीतर वास करते हों, लेकिन मेरे भीतर नहीं। मुझे मालूम है, क्योंकि मैं पापिन हूँ, मैं निकम्मी हूँ, मैं किसी को खुशियाँ नहीं देती, मैं असभ्य, अभद्र और तीक्ष्ण हूँ। भगवन्, फिर भी

मेरे भीतर आइए, मुझे सिखाइए, मुझे स्वच्छ बनाइए, मुझे अपनी सृष्टि के लायक बनाइए, वह लौ जला दीजिए जो कभी न बुझ पाए, जो गहरे अँधेरे में भी चमकती रहे।

भगवन्, मेरे मालिक मुझे रास्ता दिखा दो, मुझ पर निगाह रखना, मैं आपकी बच्ची हूँ। मेरी उँगली पकड़ लो, मैं दूसरों के मुकाबले कम काम, कम आराम करती हूँ। लेकिन मुझे शक्ति दो, यह अब मेरे भगवान पर निर्भर है कि मैं कितने की सुपात्र हूँ।

और अंत में बस इतना ही, जो मेरे जीवन साथी बृज के नाम है : जरा सुनो यह गीत इस रात के अंधेरे में क्या कह रहा है ? तुम्हीं तो दीया हो और रोशनी भी, तुम्हीं मेरे संगीसाथी हो, अब यह बंधन टूट नहीं सकता है। तुम्हारे लिए मेरा प्रेम सदा बना रहेगा, जन्म-जन्मांतर तक। जब तक यह संसार है, मैं तुम्हारा इंतज़ार करूँगी।

तुम यह देख भर लेना कि यह जिंदगी रुके ना, अपनी आवाज़ मेरी आवाज़ में मिलाते रहना, अगर पूरा संसार मेरा दुश्मन बन जाए तो भी तुम लौटने में देर मत करना, नहीं तो मेरी आँखों में आँसू भर आएँगे।

पारिवारिक हिंसा और नशाखोरी

इतना सब कुछ हो जाने के बावजूद नशे की लत और पारिवारिक हिंसा ऐसे मुद्दे हैं, जिनका विश्व भर में उन्मूलन आज तक नहीं हो पाया है। अपराध की जन्मदाता है अप्रत्यक्ष हिंसा। इस तरह की हिंसा को छिपाया जाता है, जिसके लिए समाज और परिवार भारी कीमत चुकाते हैं। अपराध नियंत्रण और मादक पदार्थों में एक तार्किक संबंध है। इस क्षेत्र में कानूनी कार्यवाही अनेक कारणों से लागू नहीं हो पाती है। इसके अनेक कारण हैं। इस क्षेत्र में अभी पर्याप्त अनुसंधान नहीं किया गया है और भारत में मौजूद समस्याओं पर कोई निश्चित मसौदा या फिर दस्तावेज़ नहीं तैयार किया गया है। समुदाय को बनाए जा चुके कानूनों की पूरी जानकारी नहीं है। कानूनी कार्यवाही करनेवाले खुद ही इस समस्या के प्रति उदासीन नज़रिया रखते हैं। महिला संगठन भी इस क्षेत्र में कोई ठोस कदम नहीं उठा पाते। इसका मुख्य कारण है इस व्यसन के फलस्वरूप किए गए अपराध या फिर हिंसा की रिपोर्ट की ही नहीं जाती है। बेशक इसकी प्रमुख शिकार माताएँ और पत्नियाँ ही होती हैं। समुदाय, पुलिस, न्यायपालिका और संबद्ध सरकारी विभाग सकारात्मक ढंग से हस्तक्षेप करके स्थिति को सुधार सकते हैं।

मादक पदार्थों के बारे में लोग आमतौर पर अधिक नहीं जानते हैं। इनके सेवन से क्या बुरे असर पड़ते हैं, इसके सामाजिक और कानूनी परिणाम क्या होते हैं, इनकी माँग और आपूर्ति कब, कहाँ और कैसे होती है, इन प्रश्नों के उत्तर सरकारी एजेंसियाँ और इस समस्या में रुचि रखनेवाले लोग ही दे सकते हैं। यह उत्तर और जानकारी देते समय एक बात का ध्यान रखना जरूरी हो जाता है। जानकारी प्राप्त करनेवाले की रुचि बनाए रखने के लिए एक अर्थपूर्ण रवैया अपनाना पड़ेगा। संसाधनों

की कमी के कारण हमें खर्च पर भी निगाह रखनी पड़ेगी। अलग-अलग स्तरों पर नियमित रूप से मूल्यांकन करना बहुत जरूरी हो जाता है।

पहरेदार या चौकीदार की भूमिका अदा करने से अधिक ज़रूरी है सेवा प्रदान करना। कानून लागू करनेवाले विभाग को समझ लेना चाहिए कि सिर्फ कानूनी कार्यवाही करने या किसी को हिरासत में लेना पर्याप्त नहीं है। अनेक मामलों में पहले और बाद में कुछ ज़रूरी कदम उठाने पड़ते हैं। समुदाय को अपने साथ रखते हुए रोकथाम और भी प्रत्यक्ष नज़र आनेवाली रोकथाम की जाए। हिरासत में ले लेने के बाद सुधार की अपार संभावनाएँ रहती हैं।

इस सोच के दर्शन को शुरू में ही प्रशिक्षण के दौरान कर्मियों के मन में बिठा देना चाहिए। बाद में भी प्रशासनिक नीतियों और सेवा काल के दौरान दिए जाने वाले प्रशिक्षण में भी ऐसा करने से निवारण की प्रक्रिया प्राकृतिक परिणाम दे सकती है। यह रणनीति अपनाने से न सिर्फ नशे के फलस्वरूप होनेवाली पारिवारिक हिंसा रोकी जा सकती है, बल्कि अपराध निवारण भी संभव हो सकता है। समाज को सुदृढ़ और स्वस्थ बनाने के लिए सेवा और सुधार का रवैया ही कारगर सिद्ध होगा। ज़ाहिर है, इस तरह समाज की जीवन शैली बेहतर बन जाएगी।

रहा सवाल कानूनों का, तो आइए इस दृष्टि से भी पारिवारिक हिंसा पर विचार करें। एक सरल साधारण कानून के तहत पारिवारिक हिंसा को एक अवेक्षणीय अपराध घोषित कर दिया जाए, तो इस समस्या के शिकार लोगों को एक प्रभावशाली और प्रवर्तनीय हल मिल सकता है। राहत के लिए अगर कोई कानूनी मदद माँगता है तो समर्थक दल कानूनी कार्यवाही को लागू करने की माँग कर सकते हैं। पुलिस और न्यायपालिका को मजबूरन इस तरह की पारिवारिक हिंसा पर ध्यान देना पड़ेगा। इस तरह पूरे पुलिस विभाग को सिर्फ चौकसी की जगह सेवा करने का मौका मिलेगा। पुलिस का मुख्य काम है अपराध की रोकथाम करना और शांति बनाए रखना। यह काम तभी प्रभावशाली ढंग से हो सकता है, जब लागू किए जानेवाले कानूनी समाधान उपलब्ध हों। तभी कानून के संशोधन का प्रस्ताव साकार रूप ले सकता है।

मैं चाहती हूँ कि एन.डी. पी. एस. अधिनियम की धारा 27 का संशोधन इस तरह किया जाए कि नशेबाज़ों द्वारा की गई पारिवारिक हिंसा को भी इस अधिनियम में शामिल कर लिया जाए।

प्रस्तावित संशोधन कुछ इस तरह से होना चाहिए :

27 (1)–अ 'अगर कोई व्यक्ति किसी मादक पदार्थ या नशीले पेय या किसी ऐसी चीज़ का सेवन कर हिंसात्मक हो जाता है और यह प्रमाणित हो जाता है कि

उसने ऐसा नशे की हालत में किया है, तो उसे एक साल तक के लिए कैद किया जा सकता है।' पारिवारिक हिंसा में शामिल व्यवहार इस प्रकार है : किसी को सताना, परेशान करना, अंधाधुंध उतावलापन दिखाना, किसी को धमकाना, उस पर हमला करना, पति-पत्नी के बीच, या माता-पिता और बच्चों या फिर एक ही परिवार के बीच हुआ झगड़ा।

बेशक, अगर नशेबाज़ स्वेच्छा से इलाज के लिए तैयार हो जाता है, तो उसे अधिनियम की धारा 64-अ के तहत राहत दी जा सकती है।

मैं आशा कर रही हूँ कि अगर यह संशोधन अधिनियम में किए जाएँ, तो समाज में नशे के फलस्वरूप होनेवाली हिंसा कम हो सकती है। इसके अलावा समुदाय और आपराधिक न्यायिक व्यवस्था को कानूनी ऐसे समाधान मिल जाएँगे जिनकी हमको बहुत ज़रूरत है।

मैं मानती हूँ कि पारिवारिक हिंसा और नशेबाज़ी के साथ कुछ अलग से नैतिक मुद्दे जुड़े हैं। मैंने जब इस विषय पर अपना अनुसंधान कार्य किया तो मुझे गोपनीय तत्त्वों से जूझना पड़ा था। प्रतिवादियों ने उतनी ही जानकारी मुझे दी जिसे उन्होंने अपने नज़रिए से उचित समझा।

यह भेंटवार्ताएँ बहुत ही निजी स्तर पर की गई थीं। न तो सरकारी जेलों ने और न ही नशेड़ियों का इलाज कर रहे विविध केंद्रों ने मरीज़ों से भेंटवार्ताओं की अनुमति मुझे दी। इसलिए मुझे नवज्योति केंद्र में दाखिल नशामुक्त किए जा रहे पुरुषों की प्रतिक्रिया को ही अपने अनुसंधान का केंद्र बिंदु बनाना पड़ा। जेलों में बंद नशेड़ियों से प्रश्न पूछने की अनुमति मुझे उपलब्ध नहीं हो पाई, इसलिए मेरा अनुसंधान काफी सीमा तक नवज्योति में दाखिल पुरुष नशेबाज़ों तक ही सीमित रहा। लेकिन भविष्य में इस क्षेत्र में अनुसंधानकर्ताओं के लिए अपार संभावनाएँ हैं।

मैंने देखा है कि भारतीय संदर्भ में नशीले पदार्थों पर काफी छानबीन की गई है, लेकिन नशे के फलस्वरूप होनेवाली पारिवारिक हिंसा और पुलिस की प्रतिक्रिया पर गहराई से कुछ भी काम नहीं किया गया है। पिछले ही दिनों दिल्ली के लिटल थियेटर ग्रुप में एक छह दिवसीय अंतर्राष्ट्रीय बाल रंगमंच उत्सव का आयोजन था। जब सरोज वशिष्ठ मेरे जमुना-पुस्ता, झुग्गी, झोंपड़ी बस्ती के प्राथमिक स्कूल के बच्चों के लिए राष्ट्रीय नाट्य विद्यालय से निमंत्रण पत्र लेने गईं, तो विद्यालय के प्रबंधक ने पूछा था, 'कहाँ से आ रहे हैं ये बच्चे' ? सरोज ने नवज्योति नशा मुक्ति केंद्रों की जानकारी देते हुए बताया था, ये बच्चे बिना प्रशिक्षण के नाटक करते हैं। अगर वे इस बाल उत्सव को देख पाएँ, तो बहुत कुछ सीख सकेंगे। प्रबंधक ने बड़ी खुशी-खुशी

निमंत्रण पत्र जारी कर दिए थे। लेकिन चलते-चलते एक बात कह दी थी, 'नवज्योति से कहो कि यहाँ भी एक नशामुक्ति केंद्र खोल दें।' यह सच है कि नवज्योति नशा मुक्ति केंद्र में गरीब लोग आते हैं। वे निजी केन्द्रों में जा कर अपना इलाज करवाने में असमर्थ हैं।

विश्वविद्यालयों में पनप रहे नशेबाजों का अध्ययन करना भी अनिवार्य है। सुधार के लिए हमें इस समस्या का अध्ययन गहराई से करना होगा।

हमें यह कभी नहीं भूलना चाहिए कि औरतें नशेबाज़ों का मुख्य शिकार होती हैं। अकसर नशेबाज़ अपने पिता के स्थान पर अपनी माँ को ज़्यादा तंग करते हैं। माताएँ अपने आक्रामक बेटों का मुकाबला करने में शारीरिक और संसाधनिक स्तर पर अक्षम होती हैं। बेटों को बहुत जल्दी समझ आ जाता है कि उनकी माँएँ पारिवारिक हिंसा का उचित निशाना हैं। मैंने अपने अनुसंधान के दौरान पाया कि जिन परिवारों में पत्नियों के साथ अपमानजनक व्यवहार किया जाता है, वहाँ बेटे और बेटियाँ अपने पिता के विरुद्ध किसी प्रकार की हिंसात्मक कार्रवाई नहीं करते हैं।

यह बात सर्वविदित है कि आम तौर पर माँ-बाप पर किशोर बच्चों द्वारा किये गए हमलों को नज़रअंदाज कर दिया जाता है। अकसर माँ-बाप खुद को ही दोषी घोषित कर देते हैं। ऐसी मारपीट को न तो चर्चा का विषय बनाया जाता है और न ही पुलिस को रिपोर्ट दी जाती है। इसे सामाजिक स्तर पर वर्जित किया जाता है। माँ-बाप को अकसर यह भी महसूस होता है कि रिश्तेदार, पड़ोसी और अन्य लोग उन्हें ही दोषी करार देंगे। इसलिए मैं मानती हूँ कि माता के विरुद्ध की गई हिंसा का वैज्ञानिक सार्वजनिक और नीतिगत अध्ययन करना ज़रूरी है।

आजकल परिवारों में बच्चों के साथ अनुचित दुर्व्यवहार के समाचार सुर्खियों में अकसर बने रहते हैं। इस विषय पर की गई एक व्याख्या के अनुसार 13 प्रतिशत मामलों में अनुचित व्यवहार के समय शराब की भूमिका पर ध्यान केन्द्रित किया गया है। पिछले दिनों गर्भवती महिलाओं द्वारा शराब और नशीली दवाओं के सेवन पर सामाजिक व कानूनी स्तर पर रुचि दिखाई जा रही है। इसे एक तरह से अजनमे शिशु के प्रति अनुचित दुर्व्यवहार और लापरवाही माना जा रहा है।

बेशक आमतौर पर पारिवारिक हिंसा किसी एक सामाजिक वर्ग में नहीं होती है, लेकिन आमतौर पर ऐसी घटनाएँ निम्न श्रेणी के सामाजिक-आर्थिक वर्गों में पाई जाती हैं। एक अध्ययन के अनुसार मार-पीट करनेवाले पुरुष आमतौर पर कम पढ़े-लिखे होते हैं। उनका व्यवहार असामाजिक होता है और वे कुसंतुलन से ग्रस्त होते हैं। कम आय और निम्न स्तर की नौकरी या पेशे में रहते हुए ऐसे पुरुष अपनी बात

बलपूर्वक नहीं कह पाते, निजी स्तर पर वह अपना ही मान-सम्मान नहीं कर पाते और न ही अपनी क्षमताओं को पहचान पाते हैं। बार-बार ऐसी खबरों की पुष्टि होती रहती है कि मार-पीट करनेवाले पुरुष स्वयं अपने बचपन या किशोरावस्था में इस अनुचित व्यवहार के शिकार रह चुके होते हैं।

अपराध को कार्यरूप देने का साहस जुटा पाने के लिए भी मादक पदार्थों का उपयोग किया जाता है।

उपलब्ध जानकारी के आधार पर मैं कह सकती हूँ कि पारिवारिक हिंसा के मामलों में पुलिस हस्तक्षेप करने से झिझकती है। जब पुलिस हस्तक्षेप करती भी है, उसका रवैया बहुत उदासीन और कठोर होता है। पुलिसकर्मी ऐसे मामलों को सुलझाना अपनी जिम्मेदारी नहीं मानते। सामाजिक कार्यकर्ता की भूमिका निभा कर अतिरिक्त ज़िम्मेदारी निभाने से वे कतराते हैं। अधिकारी अपनी सेवा को कानूनी निगाह से देखते-समझते हैं। कानून और विभागीय नीतियाँ निर्णय प्रक्रिया का आधार बनती हैं। इनका सीधा संबंध कानून और व्यवस्था बनाए रखने से होता है। इसका कारण यह है कि जब पुलिसकर्मियों को प्रशिक्षण दिया जाता है, तो समाज सेवा की संस्कृति को कोई महत्त्व नहीं दिया जाता। यह सर्वविदित है कि सामान्य पुलिसकर्मी जनता के प्रति आमतौर पर उदासीन रुख ही अपनाते हैं। अनुसंधानकर्ताओं ने निष्कर्ष निकाले हैं कि पारिवारिक हिंसा के फलस्वरूप की गई गिरफ्तारी को कूड़ा-करकट गिरफ़्तारी माना जाता है। इस प्रकार के नज़रिए के कारण हैं—जानकारी की कमी, उदासीनता, व्यक्तिगत प्रतिक्रियाएँ, गिरफ़्तार करने की झिझक, आम आदमी के प्रति सेवा की भावना की ग़ैर मौजूदगी, औरतों को पीड़ित, शोषित या शिकार का दर्जा देने से इंकार और पीड़ित द्वारा स्वयं ही पुलिस में रिपोर्ट लिखवाने में हिचकिचाहट।

वरिष्ठ अधिकारी भी पारिवारिक हिंसा को गंभीर मामला नहीं मानते हैं। ऐसा वह इसलिए करते हैं क्योंकि उन्हें मालूम ही नहीं कि इस हिंसा से कैसे निपटना है। इसके अलावा 50 प्रतिशत अधिकारियों को पारिवारिक हिंसा के संभावित कारणों की जानकारी ही नहीं होती। जेलों में पहले से ही मौजूद भारी भीड़ भी ऐसी गिरफ़्तारियों के लिए एक अवरोध बन जाती है।

एक अध्ययन से यह भी पता चला है कि हिंसा की शिकार औरतों को ऐसी कठिनाइयों के बारे में जानकारी दी जाती है, जो ग़ैर-मौजूद हैं। कानूनी कार्यवाही टालने के लिए उनसे कह दिया जाता है कि 'यह तो नागरिक मामला है।' अध्ययन में यह भी कहा गया है कि औरतों को जानकारी एक पूर्वग्रह ग्रस्त तरीके से दी जाती है। उदाहरण के लिए उन्हें सलाह दी जाती है, 'उसे जेल में कैद करवाने का

अधिकार तो तुम्हें है, लेकिन ज़रा उन आर्थिक कठिनाइयों के बारे में तो सोचो, जो तुम्हें झेलनी पड़ेंगी।'

मैंने अपने अनुसंधान में पाया कि नशीली दवाओं के कारण होनेवाली पारिवारिक हिंसा के बारे में पश्चिमी देशों में बड़े पैमाने पर अध्ययन किए गए हैं। भारत में अभी इस पर अनुसंधान होना शेष है। ठोस नीतियाँ बनाने के लिए पहले हमें वैज्ञानिक और सैद्धांतिक स्तर पर इस समस्या से जूझने के लिए इसके प्रतिरूप, इसकी मात्रा, प्रबलता और अन्य सम्बद्ध क्षेत्रों का अध्ययन करना होगा।

पारिवारिक हिंसा से संबद्ध सभी सिद्धांत परिवार के ढाँचागत पारस्परिक क्रिया और संसाधनों पर आधारित होते हैं। परिवार के सदस्य घर क्यों आते हैं या फिर उन्हें अपने परिवार की छवि इतनी प्रिय क्यों होती है ? परिवार सदस्यों को बाहरी तनावों और दिक़्क़तों से राहत दिलाता है। परिवार उन्हें शरण देता है। यहीं से उत्पन्न होता है मौन का षड्यंत्र। परिवार एक अनन्य संस्था है। परिवार संभवतः, इकलौती ऐसी इकाई हैं, जिसमें रुचि या क्षमता के स्थान पर उम्र और लिंग के आधार पर जिम्मेदारियाँ सौंपी जाती हैं। यह भी सच है कि परिवार के सदस्यों को एक-दूसरे की क्षमताओं, कमज़ोरियों, पसंद-नापसंद, उनकी स्नेहिल रुचियों और अनुराग प्रीति की जानकारी रहती है। इन सबके रहते एक ओर तो, अच्छे संबंध स्थापित किए जा सकते हैं तो दूसरी ओर अपनों ही पर हमले किए जा सकते हैं और टकराव की स्थिति उत्पन्न हो सकती है।

□□□